男子観察録

ヤマザキマリ

幻冬舎文庫

ますら-お〔-を〕【益荒男／丈夫】

①りっぱな男。

勇気のある強い男。ますらたけお。ますらおのこ。⇔手弱女（たおやめ）。

②武人。兵士。

③狩人。猟師。

時に、勇ましい男根の意。

男なんてね

地球上
もっとも無邪気で
無責任な生き物

若い頃から海外で暮らしているというと、さぞかしフットワークの軽い活動的な人なのだろうと思われる傾向があるが、決してそんな事はない。私の場合はむしろその反対だ。学生時代から「油絵」を描くという、日常引き籠っているのが当然の暮らしを長く続けてきており、ましてや漫画家になってからは、輪を掛けたように沢山の人々と関わる外部社会との接触が疎《おろそ》かになっていった。でも、それが自分にとって弱点なのかというと、決してそういうわけではない。私はもともと社会との接点を優先順位の上位に置こうとしなかった家族の中に生まれ、育てられ、そして国籍こそ違っても、ほぼそれと同様の環境に生まれ育った夫とともに暮らし続けている。私の家族の中には銀行員をしていた祖父以外、「雇用者」として生きてきた人間が一人もいないのである。

曽祖父に至っては、母ですら「何をしていたのか全く思い出せないが、いつも家にいて、イタリア人の音楽家を書生のように家に住まわせて色々な楽器の稽古をして過ごしていた」という。家族で唯一社会と繋《つな》がっていた祖父ですら、外国語という特技を買われて海外支店設立などのプロジェクトチームに入れられ、アメリカやアジアに駐在させられてばかりいた。残された彼の日記や写真を見ると、派遣された土地で仕事に勤《いそ》しんでいるような気配が感じられるものはひとつもない。白い麻のスーツにストローハット、小指にはイニシャルの入った石の指輪を嵌《は》め、テニスコートにいたり、高級車の前でポーズを取ったり、現地で知り合ったロシア人女性の踊り子と肩を組んで微笑《ほほえ》んでいるような写真ばかりがアルバムにしっかりと収められている。

　そんな祖父が単身で駐在している間、留守をまかされていた祖母にはそれ相応のストレスが募っていたらしく、幼かった母の前ではよくヒステリーになっていたそうだが、「男という生き物は所詮そういうものなのだから」と諦観もしていたそうだ。何かに拘束された生き方が当たり前になってしまった男は魅力的にはならないのだと、物心の付き始めた娘に言い聞かせながら、自らの中に募る不平不満を宥《なだ》めていた。

　そんな環境に育って音楽家という道を選んだ母も、やっぱり社会性のある男性とは一緒にならず、明日の糧も保証されないような同業者と一緒になった。そして生まれてきた子供にも、それが至極当然の女としての生き方であるという姿勢を臆面もなく見せつけてきたおかげで、その後成長した私をときめかせる異性は、だいたいそういった、非社会的で安定性の欠落した人種に絞られていくようになった。

　裸の大将・山下清。ムーミン谷のスナフキン。「トムとジェリー」のトム。私が小学生の時、NHK教育テレビで放送されていた「できるかな」の、ノッポさん。果たしてこの中の誰に女や家族を養い続けていける能力があるというのだろうか？　誰がどんな凄《すさ》まじい状況の中でも、自分よりも強い生命力を発揮して長生きしそうに見えるというのだろうか？

私が男性という異性に求めてしまうものは、そういった「強さ」的な事では一切ない。男の責任感なんていうのは後天的に作られた人為の似非《えせ》要素であって、本来は地球の上で起き得るあらゆる自然現象や人間との関わりの中で、一見何の合理性も必然性もない事について考え込んだり、空気の読めない行動を取ってしまう、それが実は男性のもっとも魅力的な姿なのではないかと思っている。

当然、そんな無謀さを備えていつつも、社会というものが何なのかを意識する事もでき、しかも一人の人間としての責任感を備えたバランスの良さや多元性を持った男なら、それはそれで素晴らしいとも思う。しかし、今までの人生においてなかなかそういう男性に出会った事がないし、実際そんな人に巡り会えたところで惹《ひ》き付けられるかというと、そうとも限らない気もするのだが……。

男子観察録

目次

ハドリアヌス帝

妻もいるのに
子息も残さず、
やりたいことだけ
コツコツと

古代ローマでは精神と肉体のバランスが整っているのが理想の男性像とされていた。彫刻にしてみても、男性は程良い筋肉が付いてはいるが、現代のボディビルダーに見るような過度なマッチョ体型なものはひとつもない。どこかに少しでも「やり過ぎ感」が出てしまうと、それが精神の不健康さと結びつけられてしまうからだ。

学問にしても、社交にしても、食べ物にしても、バランスの良さを保たないと、それが何らかの負の代償であると見なされてしまうというのも、現代人の私達からしてみればかなりハードルの高いものに思えてしまうが、位の高いローマ人程そういう事には相当に気を遣っていたはずである。政治力にしても何にしても、自分という人間の均整具合を常に客観的に把握し、そこに自ら微調整を加えて理想的に造形していけるかどうかというキャパが、皇帝レベルにもなれば抜かりなく求められるようになる。

勿論《もちろん》それが完璧にこなせた皇帝や指導者はごく僅かであり、逆に暴君化してしまったネロやコンモドゥスのような、二千年の時間を経てすら「ダメ男」の汚名を拭えないままの皇帝も少なくない。彼らが古代ローマの理想の君主像からはかけ離れた行動を取り過ぎてしまったのは確かだから、そんな顚末《てんまつ》もやむを得ない結果だったとは思うのだが。

かといってカエサルのような質実剛健で完璧なバランス感を保った男も、指導者や君主としては求められて当然だと思うが、私のような屈折した男性観を持った女には多少魅力に欠けてしまうのだった。先述したような、本来男性という人種が持っている非合理的なマニアックさや社会への不適応性みたいなものが、ある程度露出してくれたくらいの方が、第三者として見ている分には面白いし味わい深いと思えてしまう。

紀元117年から138年までローマ帝国を統治していた、プブリウス・アエリウス・ハドリアヌスという皇帝は、そんな私にとって大変魅力的な男性の一人である。

スペインの属州出身の皇帝としては前代のトライアヌスに続いて二人目になる彼は、10代初めの時期に大都会ローマへ高度な教育を受ける目的で連れてこられて以来、すっかりギリシャ文明の虜《とりこ》になってしまった。今の時代で喩《たと》えるならば、高等教育を受けるために南米かアジアのような国からアメリカにやってきた学生が、ヨーロッパ文明にのめり込んでしまうという感覚だろうか。しかし、ローマで男らしく生きていくには、どんなものに興味を抱いても過剰は禁物。ハドリアヌスのギリシャ文明に対する固執の度合いは周囲の大人たちを心配させ、彼を無理矢理故郷のスペインに連れ戻してしまう程のものだったらしい。

しかし、文化のるつぼで10代の少年を虜にしてしまったひとつのディープな文明が、周りからの中傷くらいで簡単に掻《か》き消えるわけもなく、このハドリアヌス帝のギリシャ熱は彼の晩年まで心の中にその炎を燃やし続けることになる。

ハドリアヌスの彫刻やコインに彫られた横顔を見てもわかるように、彼は顎鬚《あごひげ》を蓄えた歴代最初の皇帝となった。顎鬚はまさにギリシャ人のシンボルであり、ギリシャが覇権を握ったローマの統治下に置かれた後、ローマに連れてこられたり、働きに来ていた医師や学術者など知的職業に就くギリシャ人はみな顎鬚を蓄えていた。ハドリアヌスはそのギリシャ人的シンボルを自分にも取り込んだわけだから、傍からしてみれば相当な入れ込みようだ。もう既にその顎鬚だけで皇帝という立場にあるまじきアンバランスさと判断していた連中は少なくなかったはずだが、ハドリアヌスはそれに加えて、トライアヌスの時代に最大化した帝国の領地をそれ以上広げる意思もなく、それまでの皇帝がやっていた軍事目的の旅とは全く趣旨の異なる、視察と整備だけに目的を絞った旅を敢行。しかもその間子供の頃からの憧れだったギリシャのアテネに半年間も滞在してしまっただけでなく、旅中に出会ったビティニア生まれの美少年アンティノウスを愛人として寵愛《ちょうあい》し、その後の旅にも同伴させていた。

妻がいるのに子息も残さず、同性愛者であることを周知させ、しかも軍事的挑発の一切ない、視察目的だけの長旅。ハドリアヌスのやる事なす事すべてが保守的で堅実派の元老院議員達の神経を逆撫《さかな》でした。しかも旅の途中ナイル川で愛するアンティノウスが謎の水死を遂げ、茫然《ぼうぜん》自失状態に陥ってしまう。立ち直った後も、自分の後継者として優美な容姿と洗練された文学の嗜好《しこう》を持った軟弱な若者を選んだ事によって更に元老院から顰蹙《ひんしゅく》を買い、この後継者が病死してからはすっかり歪《ゆが》んだ性格になってしまった。今でこそ五賢帝の一人と言われるハドリアヌスだが、当時はネロと同様の暴君と見なされ、記録抹消処分というリスクを背負わされる事にもなる。

しかし忘れてはいけないのは、この人にはそれまでの皇帝にはなかった多才さがあったという事だ。特に建築という分野においては素晴らしい才能を発揮し、建築史上では後世にその存在の重要性をアピールすることになる。たとえ皇帝という荷の重い職務に就かなかったとしても、このハドリアヌスという人物は、恐らく敏腕の建築士になれたであろうし、それ以外の事でも歴史に名前を残せる人物になっていた可能性は十分ある。

ローマ近郊のティヴォリにある広大な敷地面積を誇るハドリアヌスの別荘は、全て彼の手がけたものだ。今もここを訪れるとその規模の大きさと斬新な建築概念にはただただ驚愕《きょうがく》するが、そこには彼が視察のために自力で訪れた、帝国の領地での思い出が彼独自の解釈で表現されている。ハドリアヌスはそこでは外部からの余計な干渉や中傷も気にせずに、こつこつと自分のやりたい事を存分に発揮できていたはずなのである。たとえ時間によって風化した遺跡の状態でしか残っていなくても、この別荘を歩いていると、そんな彼が自分のために注いだ一途《いちず》な情熱が伝わってくるようであり、それこそ私が思うところの、自分という小宇宙に身を委《ゆだ》ねた、素直な「男らしさ」の軌跡を感じさせられる。

数年前、この別荘地帯のすぐそばに、巨大な廃棄物処理場建設計画が浮上した。イタリアでは珍しくない事とも言えるが、着工間近と騒がれる中で当時アメリカに暮らしていた私のところまで、現地の人から加勢の要請が送られてくる程事態は深刻化していたようだ。長期にわたる粘り強いデモや反対運動のおかげで最終的に計画は却下され、ハドリアヌスの別荘はゴミの脅威から免れた。「人類の宝を、何だと思っているのだ！」という21世紀の人々のプラカードに守られたハドリアヌスの夢の城は、一人の男の純粋なロマンの象徴なのである。

ローマ帝国第14代皇帝
プブリウス・アエリウス・ハドリアヌス

P.AELIUS HADRIANUS

IMPERATOR ROMANUS
AB 117 USQUE AD MORTEM SUAM ANNO 138

ハドリアヌス帝

（76年－138年）

プブリウス・アエリウス・ハドリアヌス。第14代ローマ皇帝。帝国各地をあまねく視察して現状把握に努める一方、帝国拡大路線を放棄し、国境安定化路線へと転換した。

ヴィニシウス

9回結婚。
腹が出ても、
死ぬまで恋愛男

世界中で最も多く日常で流れている曲のひとつに「イパネマの娘」というのがある。タイトルを聞いただけで、語りかけるように始まる軽快で繊細なギターのリズムが頭に浮かんでくる人も多いと思うが、たとえタイトルを知らなくてもメロディラインを聞いただけで恐らく世界中の誰しもが「ああ、この曲知ってる！」と反応するであろう20世紀の生んだ名曲のひとつだ。スーパーマーケットに入っても、小洒落《こじゃれ》たお店に入っても、この曲のメロディは高い頻度で我々の耳に入ってくる。

見てご覧よ、なんて美しいんだ、
優美さに満ちた少女が海辺の道を
甘い足取りで通り過ぎて行く
イパネマの太陽に焼かれた黄金の肌
彼女の姿態は一編の詩だって敵《かな》わない
それは私が見てきたものの中でも最高の美しさだ……

このような、一人の娘の姿態を絶賛する歌詞で始まる「イパネマの娘」は、せわしない日常生活の毒気に汚染された現代人の中では容易に育《はぐく》まれることがない、完璧な〝精神のゆとり〟の中で発生した曲である。蟻《あり》とキリギリスで喩えれば、冬支度もせず陽の光を浴びることに歓喜してバイオリンを弾き続けたキリギリスになりきらなければ、こんな歌詞が日常で浮かんでくることはあり得ない(ちなみにこの「蟻とキリギリス」の寓話は、ブラジルにおいてはキリギリスの生き方の選択が肯定されるらしい)。

私はリオへ行くと必ずこの歌が生み出されたカフェに立ち寄ることにしているが、ビーチまで道路を渡って1ブロックの高級住宅地ということもあって、テラスになっている店先を小さい水着を着けた優雅で美しい女性達が往来している。約半世紀前、この歌を作った二人のブラジル男も、やはりそこで同じようにサトウキビの酒のグラスをのせたテーブルに片肘をついて、行き来する女性達をぼんやりと眺めていたのだろうが、突然視界に入り込んできたとびきりの美少女に心を奪われ、衝動的に体の殻を破って外へ溢れ出て来た甘美な詩とメロディが「イパネマの娘」という歌になった。

歌詞を書いた男はヴィニシウス・ヂ・モライス。本職は外交官だが、彼は同時に作家・詩人・ジャーナリスト・歌手などの顔を持つ超多元的文化人でもあった。ヴィニシウスは積極的に若い音楽家達との接触を深めていたが、そんな彼らの備え持つ才能を余すところなく引き出しては存分に発揮させる才にも長《た》けていた。「イパネマの娘」の作曲を手がけたアントニオ・カルロス・ジョビンもそのうちの一人だが、ブラジル音楽が世界中で幅広く受け入れられる土台を築いたのは、まさにヴィニシウスであった。また、ヴィニシウスの手がけた戯曲が原作の、ギリシャ神話とリオのカーニバルをシンクロさせた、「黒いオルフェ」というフランスとの合作映画が世界の映画賞を次々に獲得していくと、劇中の挿入歌の「カーニバルの朝」や「フェリシダージ」といった曲にもたちまち注目が集まるようになる。この映画のサントラはまさにボサ・ノヴァというブラジル音楽の金字塔となった。

リオの上流階級に生まれ、オクスフォードにも留学し、数カ国語を流暢《りゅうちょう》に操り国連大使も務めた生粋のエリートでありながらも、自らの社会的ポジションに溺れることなど決してない型破りの外交官であり（巷《ちまた》ではボヘミアン外交官とも呼ばれていた）、また大酒飲みの変人として柔軟性のない人間とはすぐ軋轢《あつれき》を生じさせるマイペースなヴィニシウスだったが、女には信じられないくらいモテた。決して美男ではないし、髪の毛も薄く、中年以降は腹もどんどん膨れ吐息《といき》はいつもバーボンウィスキーの匂いがした。しかし彼には常にこの男を心から愛する美しい女性が誰かしら寄り添っていた。

ヴィニシウスは生涯で9回の結婚を繰り返した。好きな女性ができると、それまでの妻とはきちんと離婚を成立させ、そして新たな女性と次の結婚をするのだ。この男のことだから、無論その間に浮気も数え切れないくらいしているとは思うが、とにかく彼はまめにこの「結婚」と「離婚」という書面上の儀式を繰り返す達人でもあった。ヴィニシウスにとって女を愛する気持ちはストレートに創作意欲を掻き立てられる、彼の人生にとっては食べて寝ることより大切な、酒と同じくらい必要不可欠なエネルギー源だったのだろう。女との別れにはいちいち並々ならぬ精神力と体力を要するはずで、たいていの男達ならそれですっかり疲弊して次なる恋愛のステップに大胆に踏み込む勇気さえ萎えるはずなのに、ヴィニシウスは女に対する特別な気持ちが湧き上がってきてしまうのを特に抑制したりはしなかった。少なくとも彼の詩には女性という存在への心底からの敬意が溢れている。世の男性が全てヴィニシウスのようだったら、フェミニズムなんていう理念が出てくることはなかったかもしれない。そしてそんな女性に対して、愛という更にまた特別な感情が芽生えれば、きっぱりと結婚を申し出る。最上級の愛情表現である「結婚」という言葉で愛する女を最高に幸せな心地にさせ、またヴィニシウス自身もそんな女達の幸せに触発されて、そこから人生を謳《おう》歌《か》する様々な創作物を生み出すのだった。

67歳で亡くなるまで、ヴィニシウスは恋愛の人だった。恋愛という高揚した感情を抱くことで「この世に生まれてきた喜び」を痛感し、それを「イパネマの娘」のような歌に変えて〝精神のゆとり〟という贅沢《ぜいたく》さを世界中に知らしめたのである。

初めてブラジルを訪れた時、翌日に帰国を控えた私は一人イパネマ海岸のビーチに座って波打ち際で戯れる若者達を見つめていた。少し距離を置いたところに日光浴を終えた15歳くらいの少女がいて目が合い、微笑み合ってそこから短い会話が発生した。

「明日、この大好きなブラジルから去らなければいけないの。とても寂しい」と一言呟《つぶや》くと、少女は言葉を返す代わりにその大きな瞳に太陽の光を含んだ涙を溜め、照れ臭そうに笑いながら私を見つめていた。

「そうなの。せっかく会えたのに……もうお別れなのね」

「でもまた戻ってくるから大丈夫」。それを聞くと少女は大きく首肯《うなず》き隣にいた彼氏と波打ち際へ走っていった。見ず知らずの少女に人との出会いの喜びとときめきを促され、私は何とも切なく幸せな気持ちになった。

リオの海辺にはヴィニシウスという成熟した男の残した壮大な生きる喜びの抒情詩《じょじょうし》が今でもしっかりと息づいていて、他愛もない日常の一場面からですら、この世に生まれてきたことへの喜びをじんわりと感じさせてくれるのだ。

Vinicius de Moraes

diplomata, dramaturgo, jornalista, poeta e compositor brasileio

ヴィニシウス

（1913年－1980年）

マルクス・ヴィニシウス・ダ・クルス・エ・メロ・モライス。ブラジルの詩人、作家、作詞家、作曲家。1950年代後半、ボサ・ノヴァを生み出した立役者の一人。作詞した「イパネマの娘」（1962年）は世界的なヒット曲。

十八代目
中村勘三郎

地球上の全てに
興奮する、
宇宙レベルの粋人

２０１１年の春、映画のプロモーションで日本へ帰っていた私の携帯電話に「ご無沙汰しています」という件名のメールが届いた。開いてみると、それは数年前に、当時私が暮らしていたリスボンで出会った中村勘三郎さんの奥様からのもので、私の漫画『テルマエ・ロマエ』がいつのまにか映画化されていたことへの驚きがそこに短く綴《つづ》られていた。

リスボンでこの勘三郎ご夫妻にお会いした時、私は自分の名刺代わりに当時読み切りとして雑誌に掲載されていた『テルマエ・ロマエ』の1話分（雑誌に掲載されたものを切り取ってホッチキスで留めた粗末な有様のもの）をお渡ししていたのだが、彼らがポルトガルを去った後はそのまま、この漫画の進展についてお知らせすることもせずに時間が過ぎていた。

奥様のメールを読み終わった後、勘三郎さんに慌てて電話を入れると、「びっくりしたよ、あんた!!」と手にした携帯電話全体が振動するような叫び声と弾《はじ》けるような大笑いが響いてきた。勘三郎さんは、平成中村座で共演された笹野高史さんの楽屋で映画「テルマエ・ロマエ」のポスターを見つけたのだそうだが、彼は咄嗟《とっさ》にその新作映画を私の案を誰かが流用した盗作であると判断し、「おい、これは盗作だぞ、俺はこれの本当の作者を知ってるんだ！」と周りに豪語しまくったのだそうだ。

「でも、よっくよくポスターを見てみたら原作者にあんたの名前があって、俺、思わず腰抜かしちゃったよ！　なんでこんなことになっちゃったんだよ、え？」と腹の底から豪快な笑い声を轟《とどろ》かせる勘三郎さんに思わず私も「ほんとに人生って何が起きるか読めませんよねえ、あんなわら半紙に印刷されてただけの漫画が……」と笑い返す。小さな電話越しにも勘三郎さんの全身から漲《みなぎ》る、巨大発電機のようなエネルギーがびしびしと伝わってくるが、彼は私の知るところの、日本男性の中で恐らく最もパワフルな人であった。

リスボンで勘三郎さんと出会った時は、彼は私に本名を名乗っていたので、梨園という背景を特別意識して接することはなかった。それはごく普通の旅人と海外に暮らす日本人というスタンスでの出会いだった。実は勘三郎さんはこのようなプライベートの旅を頻繁にしておられ、世界で訪れていない場所はないのではないかというくらい、ありとあらゆる国をご存知だ。私がポルトガルの前に家族共々暮らしていた中東のシリアにも、リスボンに到着するつい数週間前に行ってきたのだという話で盛り上がったが、その後どういう経緯からか話題がコロンビアの作家ガルシア＝マルケスの

『百年の孤独』に転がった。勘三郎さんと言語のコミュニケーションを超える領域で意気投合し始めたのはここからだ。

旅をしながら読み進めているという『百年の孤独』の面白さと興奮を、ありとあらゆる表情筋や仕草を駆使して放出させる勘三郎さんを目の当たりにし、私は自分以外で初めて体裁を気にせず胸中の高揚を全身全霊で表現する「日本人」と出会って大変嬉《うれ》しくなった。周りにその文学作品を読んだことのない人もいるというのに、そんなことを配慮できるような冷静さは同志を見つけた高揚感にすっかり掻き消されて、私達は深夜のレストランで唾を飛ばし合いながら「マルケス万歳」と絶賛し合ったのだった。

勘三郎さんの職業は、日本古来の厳しいしきたりや様式を尊重しなければ成立しない、心身ともに高い緊張感と熟練度を強いられる世界のプロフェッショナルである。例えばイタリア人のようについ自分を甘やかしてしまう人種には、一生就くことができない類《たぐ》いの職種だろう。だから私もこのような世界に暮らす人は、当然プライベートでも不必要に感情を表に出したりせず、無駄な動きを一切省いたような仕草しかしない、ミニマムで思慮深い様子の人達なのだと思っていた。

しかし、勘三郎さんという人は「平たい顔の日本人にもこんな表情筋があったんだ！」と思わせるくらい、普通に喋《しゃべ》っていてもその顔つきはバラエティーに富んでいる。下手をしたらイタリア人の表情なんかよりもずっと多様で味わい深い。そのくるくると変わる表情は、同時にこの勘三郎さんという人の内面に潜んでいるインテリジェンスや並々ならぬ繊細さを意味するものでもあった。

かつて平成中村座に招待されて見に行ったとある演目の感想を、「この荒唐無稽さは古代ローマやギリシャでも通じるもの。タイムスリップが可能ならあの当時の人にも見てもらいたい」と伝えたところ、勘三郎さんはまるで果てしない古代世界に思いを馳《は》せる旅人のような顔つきになって、「ほう」と言ったきり黙り込んだ。それから間もなくにやりと微笑んで「そりゃいいねえ、是非古代ローマで演じてみたいねえ」と一言。突拍子もない素人の無茶苦茶な意見だってしっかり汲《く》み取ることを怠らない。彼の脳裏では二千年前のローマで上演される歌舞伎がシミュレーションされていた。

勘三郎さんは、人であろうと自然であろうと空間であろうと、とにかく常に地球上に存在する様々なものから触発されることを求めている人だった。だから沢山の人と積極的に会い、地球上を旅し、様々な書物を読む。地球という惑星上で起こり得る全ての現象に対して満遍なく興味を示す。通常、それだけ沢山の情報を吸収すると、間違いなく消化不良を起こして大変なことになってしまうだろう。だからものを創《つく》る多くの人は、ちょっとずつ新しいものをつまんでは、その味をゆっくりと確かめるように生きているのだと思う。だが勘三郎さんは巨大発電機なのでそうはいかない。いっぺんに沢山の刺激を取り込んでは、それらを猛烈なエネルギーに変換して、常時発電し続けている。そのメンテナンスたるや、きっと並大抵の体力や精神力では務まらないだろう。

勘三郎さんの奥様はそんな夫を細腕ながら脇からがっしりと支え、勘三郎さんもそんな奥様に感謝の表明を惜しまなかった。脇で二人のやりとりを見ていると、たまにお互い決して妥協を許さないエキサイティングな展開になったりもするが、それが何だか恋愛感情に一途で妥協のない学生同士のカップルのようでとっても初々しい。リスボンで飲んだり食べたり散々騒いだ後に、真夜中の石畳の坂道を二人が手をつないで歩いているのを一瞬見た時も、私は長期持続可能な栄養剤を注入された心地に陥った。

溢れてくる感情を不必要に抑えず、出し惜しみもせず、体裁構わず純粋に外部へ放出させるそのかっこよさにはただもう感動するしかない。勘三郎さんとは、私にとって宇宙レベルで通用する「粋《いき》」を持った希有《けう》な男性であり、これからもそうあり続けていくのだろう。

KANZABURO NAKAMURA

十八代目中村勘三郎
（1955年－2012年）
歌舞伎役者。江戸の世話物から上方狂言、時代物、新歌舞伎、新作など、幅広いジャンルの役柄に挑み、コクーン歌舞伎や平成中村座を立ち上げ現代劇にも積極的に出演。多くの人に愛された。

安部公房

泥水を
全部吸い込むくらいの
器のでかさ

絵が描けると、現世での出会いが叶《かな》わない人物を二次元上に表現する事ができる。紙の上でなら二千年前の古代ローマ人も二千年後の未来の人間も、自在に形にして動かす事が可能となる。

『ジャコモ・フォスカリ』という1960年代安保を舞台にした私の作品には、私が会いたかった作家達が登場する。しかし、想像力の中で散々造形を試みてきたものの実際この世にいた人の、形や体温、言動を紙の上に描き出すのは、楽しくても容易ではない。

紙の上で一人の人間をできるだけイメージに忠実に生き返らせる作業には、自分自身を心底から納得させる、その人物に対する相当強い思い入れと、説得力が必要になる。

安部公房という作家が亡くなってもう随分月日が経つ。今では書店の文庫本の書棚にも、常に彼の本があるとは限らない。

だが私にとってこの作家はイタリアに留学していた11年間の精神世界でのアドバイザーであり、私の人生の師匠であった。

当時、バブルの絶頂期日本とは完璧に反比例する栄養失調寸前の極貧生活と、画家として生きていける保証もない、全てにおいてぎりぎりの精神状態の中で、自分の不《ふ》憫《びん》さに酔いしれたり溺れたりせず、客観的な距離を保ちやり過ごせたのは、この作家の文章に支えられていたからだった。

余分な感情描写が排された文体で綴られる、不条理に満ちた不気味で滑稽な人間社会。どんな非情な目に遭っても自らを犠牲者とは捉えず、無慈悲で救いようのない状況もユーモラスに描き出せる技量。彼の独特のアフォリズムは、日本を若くに出てきてしまい過ぎて形成されていなかった私の日本語の言語表現の規準となった。

文学賞の選考会で、ある作家の作品を、安部公房が「まるで自分の耳垢《みみあか》の臭いをかいでいるような作品」と評した事があったが、否定のかたちにこんな比喩を用いる表現者はなかなかいないのではないか。

東京に生まれるも満州で育ち、戦後絵に描いた生き地獄のような引き揚げ船に乗って本来故郷であるはずの日本へ戻ってきた彼は、辺境という概念に対して厳しい捉え方をしており、それは早くから日本を去った私の心情にもぴったりと重なり合った。

日本人であるのに、日本が自分を、または自分が日本を拒絶しているようなあの不確かで寄る辺ない心地を、私は安部公房の文章の中に拾い出していた。

日本へ帰国すると古本屋街を彷徨《さまよ》い歩きこの作家の本であれば小説であろうと戯曲であろうと評論であろうと片っ端から調達し、飢えた野良犬さながら貪るように読み漁《あさ》った。安部作品を読んでいなければ、精神的苦痛で過積載になっていた、バランス失調状態の自分を支えていくのは無理だったかもしれない。


私がイタリアで飢えを凌ぎ、生き延びる事に必死になっていた最中に安部公房は亡くなった。

失望ばかり繰り返す日常で、人間になかなか熱中できなかった私も、この人にだけは生きている間に一瞬でも会ってみたい、会って一言、あなたの本のおかげで今の自分があります、と伝えたいという思いが募っていたので（安部公房はそんな情緒的な言葉を聞くのは苦手だったかもしれないが）、亡くなった知らせを聞いた時にはすっかり消沈した。

数年前、私は生前の安部公房が遺伝子工学と言語の繋がりについて物理学者と語る動画を見つけ出した。

そこで安部公房は、医学を学んだ理系の人間らしい理詰めで冷静な見解を持ちつつ、「イラン革命の最中瓦礫《がれき》の積もったテヘランの街角に、ドストエフスキーの本が落ちているのを見て、将来に対する一抹の希望を感じたのだ」という観念的な意見を熱心に物理学者に語っていた。

しかし物理学者は文学には疎いと見え、残念ながらその話題についてはそれ以上発展的な会話は成立しなかった。不思議な沈黙の場に残された空気の中に、行き場を失った安部公房の情熱の粒子が霧のように漂っているのが、画面越しにもリアルに感じられるばかりだった。

私はその映像を見ている時、ふとこの人を漫画に描いてみたいと思い立った。実物に会えなかっただけに、私なりの解釈という輪郭線で縁取られた安部公房を、紙の上で動かしたいという思いでいっぱいになった。

20世紀という怒濤《どとう》の社会を、泥水ごとしっかり汲み取った人間の残した将来に対する僅かな希望を、テヘランの瓦礫の中にドストエフスキーを見つけたその熱い歓喜を、漫画という次元の中で受け止めたいと思った私は、年を取った今でもこの作家に首ったけなのかもしれない。

KOBO ABE

安部公房

（1924年－1993年）

小説家、劇作家、演出家。東京生まれ、少年期を満州で過ごす。主要作品は、小説に「壁－S・カルマ氏の犯罪」（芥川賞受賞）、『砂の女』（読売文学賞受賞）、『他人の顔』『燃えつきた地図』『箱男』『密会』など。

ノッポさん

この世に
なくてもいいものを
ひたすら生み出す力

子供の頃、お嫁に行きたい人ナンバー・ワンがこの人だった。

病気で学校を休む事があると、どんなに高熱が出ていようとお腹《なか》が痛かろうと、私はテレビでこの人と会えるチャンスを獲得したことで、布団を蹴飛ばしたくなる程歓喜したものだった。

「でっきるっかな、でっきるっかな、はてはてフフウ〜」というサックスベースの大人っぽいファンキーな音楽で番組が始まると、視線は画面に釘付《くぎづ》けになり、15分の放送時間中、全身全霊完全にノッポさんという一人の男性に支配されてしまう。この工作番組のヒーローは、勿論世の小学生男子にとっても憧れの対象だったが、その捉え方は男子と女子では違ったのではないだろうか。

この番組をご存知ない若い読者のために説明させてもらうと、ノッポさんというのはかつて教育テレビで放送されていた、ご長寿工作番組「できるかな」の登場人物で、番組には高見映さん演じるノッポさんと、恐らくそのアシスタントであるゴン太というほぼ役立たずの茶色い意味不明の着ぐるみの二人（?）しか出てこない。ゴン太は自らの意思を「フゴフゴ」という音でしか発する事ができず、感情の起伏は「フゴフゴ」の勢いによって表現される。

片やノッポさんも、この番組では一切言葉を発しない。「ノッポさんって喋れるんだろうか？」という疑問を全国の小学生が抱いていたはずであり、高見映さんがうっかりどこかで普通に会話しているのを見てしまうと「うわ、ノッポさんが喋った!!」という衝撃が我々に走ったものだ。

そんな言葉の不自由な彼らの意思をナレーションの女性が説明してくれ、よって視聴者は、なんとか彼らの胸の内を理解することができるのだった。

チューリップハットを被《かぶ》り、緑のつなぎを身につけた緩やかカーリーなロン毛のノッポさんは、優しげなオーラこそ出ているが、決してとびきりのハンサムというわけでもない。

言葉を喋らないから伝えたい事も上手《うま》く表現できないわけで、たとえ念願叶ってノッポさんと恋に落ちることがあっても、どうひっくり返したって「君を愛している」「大好きだ」なんて台詞《せりふ》を彼から聞く事は一生涯できないのである。工作ばっかりやって社会への適応も容易ではないだろうし、大金持ちで物好きのパトロン女と一緒にでもならない限り、野垂れ死には免れないはずだ。こんな男に胸をときめかせている小学生女子なんて、ちょっとまずいなとは思うのだが、女とは基本的に寡黙で孤独で寂しがりな有能男に弱い。

そう、たとえどんなに社会とはマッチングできなくても、ノッポさんは万能の人なのである。ハサミとセロハンテープとホッチキスがあれば、彼は如何《いか》なる素材からも素晴らしい造形物を作り上げてしまう。それがたとえこの世になくても誰も困らないものであろうと関係ない。

画用紙や段ボールだけでなく、トイレットペーパーの芯だとかティッシュの箱だとか、日常では廃棄物としか扱われないありとあらゆるものから次々と楽しい創作物を彼は生み出していく。この番組によって男子は自分もいずれノッポさんみたいになりたいという妄想を抱くだろうし、こういう大人もありなんだ、と安堵を覚えるかもしれない。

しかし女子の場合はきっと少しだけ違う。「こういう人がいてくれたら毎日が楽しくなるだろうな」とか「好い年をした中年の男がどうでもいい事に一生懸命になって、変だけど可愛い」といった、ほんのり母性の滲《にじ》んだ、温かい眼差《まなざ》しで見ていた部分もあったと思う。

ちなみに番組の流れでは、大抵ノッポさんが楽しそうに作った素晴らしい造形物を、ゴン太が意味不明な動機で潰し破り破壊してしまう。ナレーションの女性が「ああ、もうゴン太ったら〜」と呆《あき》れたリアクションを付けてくれても、見ている私達はゴン太に対して「このバカ野郎！」という憎しみを少なからず抱かずにはいられない。しかし大事なのは、そこでノッポさんが動揺しつつもゴン太を結局寛大に許してしまうところだ。ノッポさんは無謀で理解不能なゴン太の全てを包み込む、大きくて広い器の持ち主でもあるのだ。

形あるものはいずれなくなる。芸術とは造形と破壊が重なり合ったもの。そんな哲学をも学ばせてくれた「できるかな」は今考えても、実にグレードの高い美術番組であり、その哲学を見事に我々に伝えていたノッポさんという存在は、恐らく多くの小学生女子達の、その後の男性の嗜好の指標となったのではないだろうか。

少なくとも私にはそうであった。

NOPPO SAN

ノッポさん

「なにしてあそぼう」「できるかな」（NHK教育テレビ）のキャラクター。一切喋らないが工作が上手い。相棒はゴン太。多くの子供達に愛された。ノッポさんを務め上げたのは俳優の高見映（1934年－）。

少年ジョズエ

子供のくせに
宇宙のような寛大さ

世界の諸地域に赴いた時、そこでいち早く仲良くなれるのは、現地の子供達だったりする。

かつてテレビの仕事のために訪れたフィリピンの首都マニラのスラム街で、そこに暮らす沢山の子供達と出会った。お金と精神的充足感が結びつかないこの貧しい世界において、人は日々の生活から極めてシンプルな喜びや感動を得ており、子供達もお金に関わらなければ得られないような幸福を求めながら生きてはいない。

こういった場所の子供達は本当に小さい頃から一家の貴重な労働力として働かされ、彼らもそれが当然だと思って暮らしている。お店の荷物の搬入を手伝ったり、食堂では料理を作らされたり、ゴミ山に金になりそうなゴミを探しに行かされたり、子供達には自分達が小さいが故に特別扱いされる存在だと思う余裕は全く与えられていない。家族のもとに帰ってきて母親から抱きしめられたり頭をなでられたりする時にやっと甘えを許される程度で、それ以外は大人の人間と全く同じかそれよりも過酷な時間を過ごしている。

しかし、そういう環境で育つ子供達は先進国の子供達に比べると、破格に生命力に溢れている。生きるという意味と正面から向き合っているせいなのか、大人以上に寛容で頼りがいのある存在感を放っていたりもする。

実在の人物ではないのだが、私が提唱するこの世で出会った何人かの「イイ男」の一人が、ブラジル映画『セントラル・ステーション』に登場するまだ10歳にもならない少年なのだが、彼もそんな寛大で頼りがいのある存在感を放っている。

この作品は1998年にベルリン国際映画祭の金熊賞を獲得した、私的には歴史に残る名画のひとつで、家族の愛情と無縁な一人の拗《す》ねた初老の女ドーラと、母親を亡くし、たった一人の血縁である会ったことのない父親と対面を望む少年ジョズエとの擬似的愛情の繋がりを提示するロードムービーだ。

識字率の低いブラジルで代筆業をしながら細々と生計を立てているドーラは、幼い頃から家族の愛情に恵まれず人間不信の塊なうえ、代筆した手紙も自分が気に入らないものなら破り捨ててしまうという、歪んだ性格の持ち主だが、ある日とある親子から代筆の依頼を受ける。北東部に出稼ぎに行ったままリオに戻ってこない夫に会いたいという思いをドーラに手紙としてしたためてもらったこの女性は、そのすぐ後に息子を残して事故死してしまう。残された少年ジョズエは家に帰る術《すべ》を持たず、他に親戚もいないリオの駅で寝泊まりを強いられるが、自分に残された唯一の生きる望みが母親がドーラに代筆してもらった父親への手紙なのだ。

一方ドーラは孤児になったジョズエに目をつけた悪徳商売の男に唆《そそのか》され、この少年をうっかり臓器売買の組織に僅かな金と引き換えに連れていかせてしまう。後になって事情を把握したドーラはなんとかこの組織から無理矢理ジョズエを連れ戻すが、悪徳組織に目をつけられてしまった以上、もうリオには戻れない。そしてそこから父親の所在地であるはずの場所を目指して、このミスマッチな二人の旅が始まる。

あらすじはここまでにしておくが、秀逸なストーリー構成もさることながらジョズエとドーラを演じる二人の演技力も半端なく、ジョズエ役のオリヴェイラ君に至っては、監督が空港で靴磨きをしていた彼をこの映画のためにスカウトしたというだけあって、その佇《たたず》まい自体が見ている者の心を根本から揺るがす。

ふとした時に憂いを含んだ摑《つか》みどころのない悲しい表情になったかと思えば、天真《てんしん》爛漫《らんまん》な生きる喜びに満ちた笑顔にもなる。大人に対して威嚇《いかく》するような鋭い視線を送ることもあれば、少年らしい、愛されることを素直に求める健気《けなげ》な顔になることもある。別れた夫を慕う頼りない母との二人暮らしで育まれたものなのかもしれないが、ジョズエは小さいながら、既に一人前の人間としての奥行きや幅も身につけており、虚勢でしか生きてこられなかった孤独でボロボロの初老の女を全身全霊で包み込んでいく、その展開には本当に息を呑む。

この映画を紹介する写真に、とある街のお祭りで二人がけんか別れした後、疲労と空腹で倒れたドーラを見つけ出したジョズエが膝枕で彼女を癒《いや》しているという場面のものがある。このシーンこそまさにこのジョズエ少年の宇宙のような心の寛大さと人間性、そしてそのしなやかで強い勇者的な責任感を具体的に表したものだろう。どんなに長く生きても、沢山の経験を身につけても、男が全てこのようなオーラを放てるとは限らない。様々な感情や、世の中の不条理と真剣に向き合いながらも、それを手抜きなしで乗り越えなければ生まれてこない、透明で輝くような美しい意志。私はこの映画を見てジョズエ少年に完全に心を奪われた。

不思議なことだが、人間が精神的に熟成するかどうかはその肉体的な成長の過程とはシンクロしない。今回訪れたマニラでも、たまに訪れるブラジルのリオでも、子供としての特別扱いを受けない地域の子供達は人間の成熟期を実に早い段階で迎える。それはその後大人になっても継続する場合もあるが、成長とともに附随する様々な不純物のためにバランスを失って消滅する事もある。それは実は人間の成長の過程で一時的に見られる希有な現象なのかもしれないが、スクリーン越しにであってもそういう頗《すこぶ》る魅力を放出する子供達には、人は一度ならず、何度であっても出会うべきだと私は思う。

Josué do filme "Central do Brasil"

少年ジョズエ

ブラジル映画『セントラル・ステーション』（1998年）の登場人物。母親を失い、代筆業を営む女性と父親を捜す旅に出る。映画は1998年に第48回ベルリン国際映画祭の金熊賞（最優秀作品賞）、銀熊賞（主演女優賞）及びエキュメニカル審査員特別賞を受賞。また、第56回ゴールデングローブ賞で最優秀外国語映画賞を受賞。

戸田得志郎

ただただ
ラッキーを誇る
私の祖父

自分についてのインタビューを受ける時、必ず聞かれることのひとつが、なぜ14歳でヨーロッパのような遠方に一人で旅に出たくなるような動機を持ったのか、そしてその時ご両親はどうしてそれを承諾したのか、という事である。通常の概念だと、中学2年の女子学生を平気で1カ月もヨーロッパに旅に出させる親など存在しない。生まれてきて14年なんてのはまだ人として未完成もいいところで、そんな子供が海外へふらふら出かけていってしまったら、もう帰ってこない可能性だって無きにしも非《あら》ずだ。私がその一人旅をしたのは１９８０年になったばかりの頃で、巷では某アジアの一国が次々と世界の人々を拉致しまくっていた時期である。下手をしたら私だってその被害者の一人になっていた可能性だってある。あの時の母の決断については私ですら理解できない点が多い。でもそれが結果的に今の私に全て繋がっているのだから、私の遊牧民的性質を見抜き、それをリスペクトしてくれたことには感謝している。まず母自身が幼い頃から世界観を日本に留めない育てられ方をしてきたことがとても大きく、彼女の大胆な人格の背景には、大正時代から昭和初期に掛けて海外に長く暮らした祖父の影響が多大にあることは確かなのだ。

母の父である戸田得志郎は明治の半ばに生まれ、大学を卒業してすぐに現在の三菱

ＵＦＪ銀行の前身である横浜正金銀行に勤めた。得志郎は二人兄弟の長男として生まれ、多産系の家族が大多数だった時代に本人はかなり甘やかされて育ったらしい。そんな得志郎が銀行に就職して早々言い渡された任務が、新天地アメリカにこの横浜正金銀行の支店を設立するというものだった。語学力を買われての人選だったと思われる。

得志郎は外務大臣後藤新平の署名の入ったパスポートを持って横浜から船に乗り、最初の目的地ロスアンジェルスへ向かった。記録が大好きな得志郎はその船で出された食事のメニューなどを全て晩年まで保存していたので、その長きに亘《わた》るアメリカまでの船旅がたとえ大きな任務を背負ってのものであったにせよ、いかに彼にとって素晴らしいものだったのかが窺《うかが》える。

アメリカに渡った得志郎はその後ロスアンジェルスとサンフランシスコ、そしてシアトルに横浜正金銀行の支店を開いていくが、それがどれだけ大変なことだったのかは私には全く知る術がない。なぜなら、生前の祖父の口からも、そして残された厖大《ぼうだい》な数の当時の写真や手紙からも、何ひとつその課せられた任務に対する苦労や苦渋を仄《ほの》めかすものが出てこなかったからである。今も我が家に残っているアメリカ時代のアルバムには写真が趣味だった得志郎の撮影した写真が、愛おしむように整然と貼り付けられているが、そこにあるのは白い麻のスーツに粋なストローハットを被ったダンディーな得志郎のポートレートや（祖父はどうやらかなり自分の容姿が気に入っていたらしい）、街で見かけたファッショナブルな女性達、そして可憐な少女達である。銀行設立の記録になるような実務的な写真が一切ないところが象徴的だ。ヨセミテ国立公園へ出かけた時は思いがけず野生の仔熊《こぐま》に出会い、その時の様子を激写しまくっているのがおかしい。

得志郎はアメリカに着任してから10年後の帰国まで、なんと一度も日本へは戻らなかった。勤務先にはそれこそ日本人がいても、普段は部屋を借りていたアメリカ人家庭の中で英語だけの生活である。写真を追っていっても、年が経つにつれ祖父からどんどん表面的な日本人としてのアイデンティティーが希薄になっていく様子がはっきりと認識できる。その頃付き合っていたロシア系バレリーナのポートレートや書簡を見ると、そこにはマッチョで剛健な当時の一般的な日本男子気質はいっさい垣間見られない。祖父のその物腰の柔らかさや女性に対する丁重さは日本へ帰ってきてからも晩年まで保たれていたので、母も他の周辺の子女に比べるとかなり特殊な育てられ方をしてきたのだと思う。

高校時代パンクだった私が全身真っ黒で穴だらけのボロボロの服を着て外へ出ていこうとすると、「女性がそんなスタイルで外へ出ていくなんて嘆かわしいなあマリちゃん」と非難された。祖父はピンクやベージュなどソフトな色のものが大好きで、女性にもふわふわとしたイメージを求める人だった。なので私の脱ジェンダー的な志向だけはどうしても納得がいかなかったらしい。本当に服装についてだけは最後まで口やかましく言われていたのを思い出す。得志郎はその頃某芥川賞作家から買い取った書斎が離れになっている家屋に暮らしていたが、そこに日がな一日籠ってアメリカ時代やその他の海外の勤務地での思い出をノートに綴っていた。

祖父は戦時中シンガポールへの異動を言い渡されるが、胃潰瘍になって結局彼の同僚がシンガポール行きの船に乗ることになった。その船はシンガポールに到着する前にアメリカ軍から攻撃されて撃沈してしまうのだが、常々自分の幸運をその話を基軸に嚙《か》み締めていた祖父の様子を思い出す。

「死んでしまった同僚には気の毒だけど、僕はね、ラッキーなんだよ」と祖父は私に繰り返していた。「人生はね、自分がラッキーだと思う程、楽しいもんなんだよ」と。

そんな楽観主義一直線の得志郎に翻弄された人は数知れない。祖母もしょっちゅうロシア人バレリーナのポートレートを引っ張り出してはしみじみとそれを眺めていた。この男の感性に寄り添って生きていくのは本当に大変だったと思う。晩年になるまで言葉の端々にどうしても英語が入ってしまったり、朝食はコンチネンタルじゃなきゃ嫌だと言い張ったり、暇さえあれば散歩と称して外を徘徊《はいかい》し、家では思い出に浸り続けるか、蓄音機でアメリカから持って来たSPレコードを聴き耽っているかという生活を最後まで送っていた得志郎。今思えば、祖母にとっては国際結婚をしたようなものだったのかもしれない。

私が17歳でイタリアへ発《た》ったその翌年に祖父は94歳で亡くなったが、出発前の私を励ましつつもヨーロッパへ渡る私を羨ましがっていたその様子を今でも思い出す。母の寛容さや思い切りだけでなく、海外経験の豊富な祖父に羨ましがられた事が、自分の人生への決断を潔くさせた大きなきっかけだったのは確かだ。

その後イタリアで本当に大変な生活を送ることになる私なのだが、結果的に海外に来てまでやりたかった絵画を勉強できるその「ラッキー」さ、それさえ認識すれば、得志郎の残した言葉の通り何でも最終的には幸せに感じられるのであり、今も私はその気持ちを忘れずに日々を過ごしている。

TOKUSHIRO TODA

戸田得志郎

(1895年－1988年)

ヤマザキマリの母方の祖父。23歳の時(1918年)から10年間アメリカのサンフランシスコとロスに横浜正金銀行の社員として駐在。94歳で亡くなる。外国好きでヤマザキマリに多大な影響を与えた。

奥村編集長

異質すぎる
常識人の愛情深さ

漫画業界の中では、恐らく知る人ぞ知るちょっとした有名人とも言える。漫画の編集者だけでなく、作家、そしてコアな漫画読者に至るまでこの人の存在を知る人は少なくはないが、その見た目も、そしてその性質的にも、周囲からできるだけ浮かないようにと日々心掛けるのが国民性の日本人社会において、確かにこの人の有り様はかなり浮いていると言える。

しかも、周りに溶け込みきれないその様子は決してこの人の意思からくるものではない。私が世話になっていた当時は、一応それなりの中堅出版社において管理職にも就いていたくらいだから、社会に全く適応できないとか、またはする気もないという捻《ひね》くれたアウトサイダーというわけではないのだ。服装だってチェックやストライプのカジュアルなコットンのシャツを時には第一ボタンまでかっちりと留め、裾は必ずベルトでしっかり腰回りを固定したジーンズ・イン。そのジーンズも別に何らかの自己主張がそのスタイルから窺えるような奇抜なものではなく、時にその丈は洗濯による縮みの影響なのか真っ白な靴下を覗《のぞ》かせる踝《くるぶし》あたりで止まっている。ちょっと変わった作家ばかりを集めた漫画誌の編集長ではあるけれども、彼は社会との接点を持ち難《にく》いこれら特殊な連中をしっかりと束ねていこうとする責任感も旺盛な、通常よりもむしろ常識人とも言える。
なのに、この人はどういうわけか、大勢の群衆の中に交じると他の人とは違った遺伝子を持ってしまった生き物のように、何気に浮いてしまう。どんな人も初対面時には若干の萎縮を免れない眉毛の薄い強面《こわもて》が強烈だからなのか、古代ローマ皇帝トライアヌスのような不思議なヘアスタイルが印象的だからなのかはわからない。ただ、佇まいというのか、出《い》で立ちそのものが独特なのだ。

その独特な雰囲気故に様々な漫画作家が彼の人物像を作品に描いてきたが、その描かずにいられない気持ちの拠《よ》り所が何なのか具体的に認識できなくとも、なぜだかこの人の事はいったん具象化してみないと気が済まなくなるのだろう。現に私も、こうして自分に与えられた数ページの貴重な表現空間をこの男について語る事に充ててしまったわけだ。

この奥村勝彦という編集者は、私の作品『テルマエ・ロマエ』の担当者である。読み切りのつもりで掲載した第1話をもっと続きが読みたいので連載にしたいと、『テルマエ・ロマエ』第1話を拾ってくれた副編集長から無理矢理奪い取った男だ。

しかし、彼には当初から世間一般ウケするヒット漫画を輩出したいという意欲など更々なかった。もともとこの『コミックビーム』という雑誌自体がジャンルで言えば『週刊少年ジャンプ』や『週刊少年マガジン』といった大手のメジャー誌と比べてその発行部数も至極少ない、要するにサブカル系のマイナー誌である。そして私自身もまた、漫画を描こうと決めたそのきっかけになったのが、そのようなサブカルマイナー誌での良く言えば職人気質的な、俗な表現で言えば経済と漫画を結びつける意図もない完全にマニアックな執筆陣であった事もあり、漫画家として一攫千金《いっかくせんきん》を狙おうなどという目論見《もくろみ》は最初から全くなかった。

大好きな作家達が集まるこの『コミックビーム』で『テルマエ・ロマエ』を掲載してくれると決まった時には、正直、作品が何百万部も売れて映画にもなった現在よりも、純粋で全うな喜びに包まれた。

奥村編集長の閃《ひらめ》きでこの『テルマエ・ロマエ』を連載化する事が決まった一番最初の彼との打ち合わせを、私は恐らく一生忘れる事はないだろう。

新しい作品の企画を練る時、作家と編集者は当然打ち合わせというものをするわけだが、私はこの奥村編集長との初回の打ち合わせを「銭湯」で行った。

　私は当日約束の時間通りに出版社のロビーに到着したのだが、そこに現れた踝丈のジーンズ姿の編集長は私の顔を見るなりいきなり「風呂行くぞ、風呂！」とそれだけ言ってどんどん外へ出ていってしまったのだ。私は「風呂」が何を意図するものかもよくわからぬまま、このいかつい猫背の男を追いかけて、やがて我々は後楽園のラクーアに辿《たど》り着いていた。

「あんた、外国暮らしだからこういう昨今の斬新な銭湯、あんまり知らんやろ！」と眉毛のないしかめっ面で私を睨《にら》み付ける編集長に、私は確かにその通りですと首肯き、促されるまま約束時間までその斬新な銭湯の湯船に色々浸かった後、館内で焼き肉を頬張りながらルシウスが猿の浸かっている温泉から飛び出してきたらどうだろう、という案について話し合った。「いいねえ、やろ、それやろ！」と全く異議を挟み込まないその編集者らしくない寛容過ぎる態度に如何せん猜疑《さいぎ》心を抱くも、お風呂と焼き肉とビールで、円滑に話がまとまった事には素晴らしい充足感を得る事ができた。なぜなら、奥村編集長は恐らく全く無意識に私を銭湯に誘ったのだろうが、それこそまさに二千年前の古代ローマ人がやっていたのと同じ時間の使い方だったからだ。

古代ローマ人は日の出とともに仕事を始め、午後の1時には大体皆仕事をやめてそれぞれご近所や行きつけの浴場で寛《くつろ》いだり運動をしたりしていたわけだが、実は大事な会議や話し合いなどもこの銭湯で執り行われていた。

こうして銭湯での打ち合わせを皮切りに始まった『テルマエ・ロマエ』の連載だが、当初「まあ全国で500人くらいの風呂好きローマ好きの読者が付いたらヨシとしようや」と私と編集長は考えていた。連載も2巻くらいが程良い長さだろうと判断し、そのつもりで話を進めていたのだが、その顚末は誰にも考えられなかった方向に転び、私はヒットの騒ぎに翻弄されて家族関係もぎくしゃくし、精神的にノイローゼのようになってしまった。私は漫画と経済の恐るべき結びつきを嫌というほど思い知らされ、精神的にも体力的にも疲弊しきってボロボロになった。

アマゾンやその他のサイトに書かれる自分の漫画への批判に打ちのめされ、すっかり作品を生み出す事に意欲が感じられなくなっていた頃、同じく色々と疲弊していた奥村編集長と取材先のナポリでしみじみ「どうしてこんな事になったんだか」という話をした事があった。

海外出張だというにもかかわらず、普段仕事に持っていくのと同じ平べったい鞄《かばん》一個に数枚の着替えのシャツしか持ってこなかったこの人は、ベスビオス火山に登山の際に寒くなって思わずそばにあった屋台で「I LOVE NAPOLI」とでっかいロゴの入ったワンサイズ小さいTシャツを買って着ていたのだが、その出で立ちでピッツァを食べるその姿にはほのかな哀愁が漂っていた。

「でもな」と口の中を咀嚼《そしやく》中のピッツァでいっぱいにしながら奥村編集長は私にこう言った。

「こんな事編集者の立場で言う事じゃないけどな、俺は、この漫画はあんたがオモロくて、そして俺がオモロかったらそれでええと思うてるのよ。オモロいと信じて出した漫画を10人でも心からオモロい思うてくれる人がおったら、もうそれでええねん」

そして口の中のピッツァを飲み込んで、

「だから、周りの事なんか気にせんで好きな事やろ、それが一番や。な！」

ちなみに奥村編集長はその後板橋の家までこのぴったぴたの「I LOVE NAPOLI」を着たまま帰られたそうだが、私は『テルマエ・ロマエ』にはやはりこの編集長が付いていたから、なんとか最後まで漕ぎ着けられたのではないかというように今も思っている。自分が漫画を楽しく描けるかどうかは、担当編集者との相性にもよると思うのだが、この人自身が周囲の目線に全く頓着しなかったからこそ、私もなんとか苦境を乗り越えられたのだと思っている。

眉毛のない顔でぼそぼそと「俺は漫画を売りたいというより、後世に残る良い作家さんを育てたい」などと呟けるところは、やはりこの人は一筋縄ではいかない編集者なのだなと痛感させられる。

『テルマエ・ロマエ』の連載が終わってからもうかなりの時間が経つが、ルシウスという登場人物を全身全霊で愛してくれていたこの編集者に巡り会えたのは、本当に運の良い事だったと今もずっと思い続けている。

KATSUHIKO OKUMURA

奥村編集長

（1961年－）

奥村勝彦。漫画編集者。現『コミックビーム』編集総長。慶應義塾大学卒業後、秋田書店に入社。『週刊少年チャンピオン』等の漫画編集者を歴任し、1994年アスキーに入社。2000年エンターブレインに移籍。

チェ・ゲバラ

この人
Tシャツのアイコンで
有名な人だよ

少し前の事だが、ツイッターの自分のTL（タイムライン）にリツイートされてきた誰かの呟きに思わず吹き出してしまった。アルゼンチン人の革命家チェ・ゲバラについてのとある若いカップルのやりとりを纏《まと》めたものだった。

男性の方がベレー帽を被った例のゲバラの顔がプリントされたTシャツを着ていたらしい。しかし、女性はゲバラを知らなかった。それに驚いた男性の言葉。

「え!?　マジで知らないの？　これ、世界で最も有名なTシャツのアイコンの人なのに!!」

うろ覚えで申し訳ないのだが、大体趣旨としてはこんな感じのやりとりだったように記憶している。私はこのツイートを見て大いに吹き出したが、同時に実体が何だかわからないただのアイコンとしてでも、未だ今の世代の人達にもその存在を浸透させているこの革命家のパワーにしみじみ感動した。

ジョン・レノンに「1960年頃、世界で一番かっこいい男だった」と言わしめ、サルトルからは「20世紀でもっとも完璧な人間だった」と賛美されてもいるこの男のアイコンは、下手をしたらミッキーマウスやハローキティ並みに我々が普段目にする確率の高いものになっているのではないだろうか。しかも、想像で作られた人間好みの可愛らしいキャラクターと違って、こちらは実在した、髭面《ひげづら》のむさ苦しい革命家である。キューバ革命に携わった後に新興ラテンアメリカを夢見てボリビアの山中に入ったこの男が殺されたのは、丁度私の生まれた年だったから、あれからもう50年近い月日が経った事になるというのに、この人のアイコンが未だに若者達に支持され続けているのは実際凄い事である。どんな歴史上の伝説的イケメン俳優だって（例えばジェームズ・ディーンのような）、これほどまでその存在感を留めるには至っていない。

以前イタリアで屋台の経営をしていた時、自分の店の斜め向かいにハードロック系のグッズを売る店があった。ヘビメタやパンクバンドのアイコン物なのか鋲打《びょう》ちのベルトやブレスレット、さらには頭蓋骨モティーフのTシャツなどを売っていたのだが、その軒先にアプローチ的にガンズ・アンド・ローゼズなどと一緒にいつも飾られていたのが、やはりゲバラの顔の付いたTシャツだった。そこにはTシャツだけではなく、ゲバラのポスターやピンバッジも売っていて、私がキューバにボランティアに行っている事も知っていた店主が、キューバ革命シンパだからということでゲバラグッズを私にプレゼントしてくれたこともある。私はその店の軒先で風に翻るゲバラのTシャツを眺めながら、この革命家が根強く支持される不思議について考えた。

ゲバラはつまり、この社会に対して反骨精神を抱いた人間としてのカテゴリーに属し、それがクールだと思う人達によってその存在を支えられ続けている。歌手ではなかったが、ジミー・ヘンドリックスやボブ・マーリィのような、革命的スピリットを備えたミュージシャンと同列に捉えられているわけだ。

実際、そういう表層的な側面からでなく、ゲバラの人となりやこの人の実際やってきた事に対して深い感銘を受け、支持している人達だって未だにこの世にはたくさん存在する。この人をモデルにした映画もいくつか撮られているし、この人に関する書籍類も未だに読まれ続けている。私もゲバラを敬愛するその一人と見なされて、上述したようにポスターを貰《もら》ったり、未だにゲバラ・アイコンのグッズを親しい友人や編集者からもプレゼントされる事があるが、別に私は特別ゲバラ個人の突出したファンというわけではない。確かに私は学生時代、周辺が毛沢東だレーニンだトロツキーだとやっている中で一人キューバ革命そのものに嵌《は》まって、普通の人よりちょっとこのカリブ海の島国について詳しくなってしまい、ソビエト崩壊後には極度の困窮に陥ったこの国へボランティアに通っていた。

しかし、それは別にゲバラ個人への思い入れのためではない。ゲバラへのミーハーな意識とキューバを支えたいという意思を混同されるのは嫌だった。かと言って、正直ゲバラグッズを貰うと嬉しくないというわけでも決してない。もし私がたまたまゲバラと同時代に生きていた人間で、何らかの機会にこの人と接触する機会があったら、この男の魅力に打ちのめされた少なくない女性達のうちの一人となっていた可能性は、実際に大だ。

革命家というのは社会という現実のために戦ってはいるのだけれど、恐らくその〝あり方〟自体は俗物的な次元を離れた、詩人や作家や画家、それこそミュージシャンという職業の人の方が近いものなのかもしれない。文章や絵や音楽と同じく、自らの思想で群衆を動かす事も言わばひとつの表現だ。人としてこの地球に生まれて来て、やがて自分をとりまく未知の世界に興味や夢を抱き、宇宙飛行士になろうとする人がいるように、貧困等に苦しむ人を見てこのままではいけないと、熱い想いに駆り立てられる人もいる。そして多くの若者や女性は、こういったユートピア的理想に突き動かされて生きようとしている男性には弱くできているものなのだ。

ゲバラは実際、多くの革命家がそうであるように、彼自身はアルゼンチンの富裕層の生まれである。1920年代に生まれていながら、彼の幼少期は既にその父親によって8ミリフィルムの動画で残されている程、物質的にも裕福な環境に育ち、喘息《ぜんそく》持ちではあったが医学を志して実際医学博士となった。学生時代から自転車やバイクで自国だけでなくラテンアメリカ諸国を巡り、世の中の様々な不条理を目の当たりにしてやがて彼は人間の体ではなく社会構造の治癒への関心を深めていく事になるのだが、この数行のゲバラの簡易なプロフィールだけでも「ステキ……」となる人は必ずいるはずだ。

付け加えていいのなら、ちなみに彼は革命後のキューバにおける教育の体制を整えて識字率を一気に高める事にも成功しており、その後ボリビアでの活動においても「妙な社会的思想を持つよりも、まずはこういうのを読むべきだ」とレジスタンスとして行動を共にする若者達に、ゲーテなどの小説を渡していたという。女性も大好きで、お酒も飲み、ジョークも欠かさない。

小説や漫画や映画などフィクションの世界にしか存在しそうにないこういう人が実

際にこの世の中にいたわけで、しかもまたワイルドでメランコリックなハンサムでもあったわけだから、まあこんな希有な人なら何十年経ってもアイコンとしてその存在を支持されてもそれは当然の成り行きと言えるだろう。

仮にこの人がボリビアで生き延びて、しかもその後どこかの国の政治家にでもなっていたら事情は別だったろうが、若いうちに殺されているというのも伝説化の要素としては完璧である。

実際キューバ革命を指導し、長年この国の長でもあったフィデル・カストロも、革命を成功させた時はまだ30代の若者だった（この人もまたキューバの裕福な家の出であった）。メキシコで知り合ったゲバラと意気投合してこの革命を実際成功させただけでなく、冷戦期のアメリカからの猛烈な圧力ですら払いのけてきた小さな島国の闘士は、よれよれの高齢となった今もしっかり生き延びているわけだが、夭折したゲバラのような視線で見られる事は決してない。「革命はその後に一国を統治する事に比べたら、至極簡単な事だった」と、革命達成直後に呟いてしまうほど、カストロも激しく葛藤したり悩んだりはしてきている。ゲバラが非現実世界でユートピアを求めた伝説となった代わりに、カストロは現実社会と手を握って、きれい事だけではない部分にも踏み込まなければいけなくなった。だからカストロはTシャツなどのアイコンにはなれないが、ゲバラの心を掴んだこの男だってそれなりの魅力の持ち主ではあったと思う。

ついキューバ革命シンパ魂が露顕する文面になってしまったが、ゲバラに関しては、できればいずれ自分独自の見解で漫画にもしてみたい人物の一人である。これだけキャラができてしまっている人をあえて漫画にするのは、それはそれで難しそうだが、「え？　この人Tシャツのアイコンで有名な人だよ」という解釈からもう一歩奥に入った見解を得てもらうためにも、学生時代に抱いていた正義への余熱が引いた今だからこそ、是非とも実現させてみたい。

ERNESTO"CHE"GUEVARA

チェ・ゲバラ

（1928年－1967年）

エルネスト・ラファエル・ゲバラ・デ・ラ・セルナ。アルゼンチン生まれの政治家、革命家、キューバのゲリラ指導者。「チェ・ゲバラ」はあだ名で、「チェ」は「やぁ」「おい」「ダチ」という砕けた呼び掛け。

水木しげる

次元の違った目線で
生きるタフさ

数年前、アジア各国の諸地域において様々な目的のために働いたり活動したりする日本人女性を取材し、その様子をテレビで紹介しながら同時にルポ漫画としても記録するという仕事を請け負ったことがある。様々な国と地域を巡ったが、特に辿り着くのが大変だったのは、フィリピン北部の山村だった。マニラから飛行機で1時間、そこから宿のある場所まで2時間。目的地は更にその宿から5時間も車に乗って砂利と泥で捏《こ》ね上げられた道なき道を進んだ先の、カリンガ族という山岳民族の暮らす村である。そこで私は、その地域の伝統音楽の継承に尽くしている日本人女性に会った。

この女性は実際はそこで山岳民族と衣食住を共にしているというわけではなく、とある街を拠点にこういったフィリピンの少数民族の伝統文化である竹製の楽器のプロデュースを支援したり生活実態を調査したりしているのだが、経済の波がこういった民族の伝統文化継承への意識を希薄にさせているという危機感を抱いた彼女は、自分がどこの国の人間であるかなどというアイデンティティーの自覚を払いのけ、心の赴くまま、バイタリティ旺盛に山の村を時には徒歩8時間もかけて渡り歩きながら活動を続けているのだった。

私は若い頃に熱心に読んだレヴィ＝ストロースの『悲しき熱帯』に感化されて、自らアマゾンへ赴いた事があるが、実はそういった少数民族の生活実態や言語、文化などに今も少なからず興味を持っている。ただ、いくらそこに旺盛な好奇心があったとしても、いざ現地で彼らと共に暮らすとなるとそれはそれで正直全くの別問題でもある。こういった民族の村では気持ち的な適応だけでは全く何の意味も為さず、タフな体力や精神力、そして何よりも頑強な生命力が求められるからだ。

逞《たくま》しい生命力と言えば、私が尊敬する漫画家の一人でもある水木しげる先生は、漫画界においては、生み出す作品も本人も希有で珍重な存在として日本でも世界でも評価されてきた漫画家だが、実は彼は、その人生をパプアニューギニアで全うしていたかもしれない人なのだ。水木先生が戦時中に赴いていたラバウルで、敵軍の爆撃によって左腕を失われた事は多くの人の知るところだが、それ以外にも彼は、戦中にこの南洋の島で凄まじくも劇的な出来事を、九死に一生の確率で生き残ってしまったが故に、これでもかというくらい沢山経験してきている。

例えば、渡し船で川を渡っていたはずの同僚がいつのまにかワニに食べられていたり（確かその後に下半身だけが河原で発見される）、敵側についた部族の追跡から真夜中に海伝いに命からがら逃げたり……そういった驚愕の体験を彼は沢山の作品に残してきたが、あまりにその内容が重厚過ぎて、水木先生の飄々《ひょうひょう》とした絵のタッチや文章での表現が読者である我々に、その経験のシミュレーションの絶対的な不可能さを示唆しているかのようにすら感じられる。

どんなフィクションよりも想像の難しさを痛感させられるそういった過酷な戦場での場面展開に、私は衝撃を覚えながらも、その時に水木先生の感じていた心境をなんとか探ろうと、何度も何度もこの時代の記憶を綴る手記的著書を読み返してきた。

そんな水木しげる先生は、数年前に放映された彼の妻を主人公にしたＮＨＫの連続テレビ小説「ゲゲゲの女房」経由で日本の多くの国民がそのマイペースで温厚でユーモラスな人柄を知るところとなったが、このお方の数え切れないくらいある突飛な言動や判断の中でも特に私が気に入っているのは、彼がラバウルに滞在中、軍のキャンプのそばにあったパプアニューギニアの原住民の村の人達と一人こっそり仲良くなって、挙げ句には半ばそこに留まる事を考えてすらいたというエピソードである。

水木二等兵は時間があると足繁くこの小さな集落へと赴き、やがて「パオロ」という名前まで原住民達から付けられて、ここに暮らすならと畑まで無償で用意してもらえるくらい原住民達にとって大切な存在になっていた。戦争が終わって引き揚げが決まった時も、水木二等兵はそこにパオロとして残り続けるか日本へ帰るか岐路の選択に迷うが、最終的には「また必ず戻ってくる」と村人達に約束を残して日本へ戻る決意をする（そしてその後に日本で怒濤の貧乏生活が始まるわけだが……）。

水木先生が当時ラバウルで描いていたこの集落に暮らす人々のスケッチは、彼の漫画の画風ともまた違って、どの作品からも何とも温厚な色彩で彩られたほのぼのとした空気が放出されており、美しい椰子の生い茂る長閑《のどか》なその場所が太平洋戦争の激戦地だったとは到底思い難い。柔らかい鉛筆のタッチで描かれる村人達の佇まいや暮らし方から、水木二等兵がどれだけこの村での暮らしに惹かれ、村人を慕って敬い、そしてその彼らの暮らしに溶け込もうとしていたかが存分に窺える。命の存続の危機感でいっぱいいっぱいになっていた兵士達の中で、この人は一人だけ、なぜかちょっと次元の違った目線を持って現実を生きていたようだが、やはりそこには水木しげるという人の生きる事への頑《かたく》なな欲求、何よりも貰った命をどんな状況であろうとも、喜ばせてあげたいという明快な信念が感じられる。

先述した番組では、「なでしこ」というタイトルでアジア各国で活躍する日本の女性達にのみフォーカスを絞っているが、なぜか世界に飛び出しているのは男性よりも圧倒的に女性の方が多い印象がある。いろんな理由が考えられるが、やはり世間体にどうしても縛られてしまいがちな男性の意識に比べて、女性の方がフレキシブルに人生を構えているという傾向は確かに感じられる。

ただ、そんな人達に出会っていく中で、私は常に水木しげるという奇特な人の存在をジェンダーを取っ払った状態で思い出し続けてしまうのである。男性という以前に、まず兵士という立場で戦地で明日死ぬかもしれない日々を過ごしながら、同時にそこでの暮らしすら十分あり得る選択肢として受け入れようとしていたこの人の、地球規模のものの見方や果てしない考え方は、そう誰にでも真似できるものではない。

確かに人は意図的に動き回ろうとしなくても、自分の置かれた生活半径の中からも生きる喜びや心地の良さを感じる事は可能ではある。ただ精神的にも体力的にも真の意味でタフであるということは、当然だが行動範囲を狭めて生きる人の何倍も人生に感動できるという誇るべき美徳なのではないかと、フィリピンの鬱蒼と緑の生い茂る山の中で虫に体中を刺されまくりながら、私はしみじみと痛感しているのだった。

SHIGERU
Mizuki

水木しげる

（1922年－2015年）

漫画家。本名は武良茂。ペンネームは、紙芝居作家時代に兵庫県神戸市で経営していたアパート「水木荘」から付けた。1958年に漫画家としてデビュー。代表作は『ゲゲゲの鬼太郎』『河童の三平』『悪魔くん』など。

トム

人間でも
三次元でもない
ダメ男

男女の異性に対する嗜好の傾向というのはいったいいつ頃から何がきっかけとなって形成されていくものなのだろうか。無意識のうちに選んだパートナーが家族の誰かに似ている、同様の雰囲気を持っている、というのは何気によくある傾向かもしれない。恐らくそれは一緒に長い時間を共有するという事を前提とすると、相違する世界観に対する刺激的な興味よりも、ある程度相手に同種族的なもの、予測内の言動を求めた方が落ち着くし気楽という気持ちが潜在意識下で働くからではないだろうか。

幼い頃の私にとって一番身近にいた異性は母方の祖父である。父親がいなかった私にとって身の回りで唯一の男性だったこの人は、若かりし頃に日本の外で暮らしたその影響なのか、かなりマイペースでボーダーレスな考え方をする人だった。しかし実際の振る舞いはダイナミックというよりは冷静、喋る声も抑制の利いた静かなものだったし、何かに対して怒る姿も見た事がない。知的好奇心が旺盛で博学だけれど、たまにドリフターズのどうしようもない程バカバカしいコントに大笑いをしている事もある、そんな祖父の性質がそのまま私が異性に対して求める要素に少なからず反映されているのも事実だ。

インプリンティングというものはアヒルなどが卵から孵《かえ》って一番最初に目にしたも

のを母親として認識するという動物生態の特徴でもあるが、人間の脳味噌は異性に対して芽生える好奇心にもそれに近い働きかけをするようだ。

そんなわけでみなさんも自分のパートナーやお気に入りのお相手などをしげしげと観察しながら、幼少期に自分の身の回りにいた異性を思い出し、その人との比較をしてみるのも面白いのではないかと思う。


そして私には上述の祖父以外にもう一名、自分の形成されつつあった異性嗜好に影響を与えたと思《おぼ》しき存在がある。その存在とはテレビ越しの二次元世界でしか会うことが叶わない上、人間ですらない。だが、あまりにこの異性が出てくる番組を見過ぎたが故に、私は後々出会う異性に対して多少のダメさならいくらでも許してしまうという、とてつもない寛大さを身につけるに至ってしまった。

その存在は人家に住まう小動物を弱肉強食の本能に駆られて捕獲せずにはいられなくなるというその特性をあてにされて、どうやらとある人間の家に飼われているようであるが、その飼い主がその番組に登場する事は滅多にない。番組の主人公はこの存在とその小動物であり、舞台は１９４０年代から50年代にかけてのアメリカで、とてもその当時に世界では凄まじき大戦が繰り広げられていたとは思い難い、大変お気楽で楽しくしかも完成度もコストパフォーマンスも高い良質な作品達だ……とここまで書けば私が大体何を指しているかがお分かりになった方もいるだろう。

私が幼い頃に見ていた昭和40年代前半の時点で既に再放送数回目だったというから、いったい今までに何度繰り返し放映されてきたか知れないMGM制作の傑作アニメ「トムとジェリー」。当時アメリカではウォルト・ディズニーがアニメーション界において絶対的な人気を誇っており、他の映画制作会社もそれに対抗するべくキャラクターを競って生み出していたのだが、やはりミッキーマウスの存在感は圧倒的過ぎた。そんな中でMGMのプロデューサーであったウィリアム・ハンナとジョセフ・バーベラは視点を変えて、大人向けの風刺漫画というコンセプトで、この猫とネズミのスラップスティック・アニメーションを作り出したのである。

モラリスティックな主旋律を崩さないディズニーの健全なアニメには全く惹かれず、秀逸なコメディセンスの中に人生の不条理や皮肉を滲み込ませた「トムとジェリー」に心を奪われ続けてきた私だが、とにかく私はこの「トム」という猫の人格（猫格？）の容赦なしの徹底的なダメ男っぷりに対して感動と紙一重のシンパシーを覚えるようになっていった。

猫としての小動物捕獲本能など、このトムにおいては殆ど機能しておらず、ジェリーを追いかけるのもそういった動物的な衝動からではなく、ネズミを捕るなら生活を保障してもらえるという人間との暮らしで募った、この猫の心労性ストレスによるものではないかとすら思えてしまう。この大きな家に雇われているアフリカ系の巨体のお手伝いさんにうるさく怒鳴られては、とりあえず一生懸命に使命を果たしているように見せかけるが、彼女の目が届かなくなった途端に彼の頭はネズミ捕獲以外の事でいっぱいになってしまう。

それは例えば屋外で生活している自由気儘《きまま》な野良猫仲間達と泥酔するまで飲み明かす事であったり、可愛くてセクシーな美猫であったり、当時一世を風靡《ふうび》していたモダンなジャズ音楽であったり、ラジオから流れてくるニュース番組やドラマであったり、逃げ出した動物園の動物を捕獲する事での報酬であったり、募った睡眠不足による制御困難な睡眠欲であったり……。

要は、トムというのはその見目形が猫というだけの、日常の使命感や義務に疲れた普通にダメなオッサンなのである。しかも自分のそんな情けない有様を自覚しているのならまだしも、質《たち》の悪い事につい虚勢まで張ってしまうから、それが原因で何度も痛い目にも遭っている。こんな男を伴侶にでもしたら終始一貫苦労を課せられる事は間違いない。そんなダメな部分を雌猫達もしっかり認識していて、彼女達にとってトムとは飽くまで弄《もてあそ》びの対象でしかないのである。

テレビ越しに何度も際限なく繰り広げられるこのダメ猫のダメ話のエピソードに古今東西の人々が笑い転げ、「トムとジェリー」はそれ故に支持率も評価も不動の高さにまで到達するに至った傑作アニメーションではあるのだが、それ以上に私や、そして恐らく沢山の人達がトムという猫に計り知れない魅力を見出していたのも確かなのである。

この猫は瞬時に色んな物を設計したり作り出すのが得意である。ちょっとした手近な物を工夫して、驚くべき装置などをこしらえてしまう、優れたエンジニア的思考能力を持っていながら、それは彼にとって金儲けの手段とは結びつかない。そこがまた彼の不純物のないマニアックさや天性の頭の良さを物語ってくれている。

エンジニアリングだけではない。トムは実はクラシック・ピアノの名手でもある。その昔、ウィーンの名作曲家ヨハン・シュトラウスの家にネズミ捕りとして雇われていた時も、ピアノの上に置かれていたシュトラウスの譜面を初見で弾きこなし、その天才っぷりが評価されて、ついにはハプスブルク王室でもワルツを披露するまでに至ったし、それ以外にも立派なコンサートホールで難易度の高いリストのハンガリー狂詩曲を、時には後ろ足の指まで使って弾くほどの超絶技巧を身につけている。クラシック音楽に関してはピアノだけではなく、時には大編成のオーケストラを指揮する事すらある、実はとんでもなく文化的スキルの高い恐るべき猫なのである。

　またある時は食べようと思って捕獲してきた卵から孵ったアヒルの赤ちゃんに「ママ」と慕われ、最終的に「ママ」であるトムが自分を食べたがっているという衝撃の事実を知ったそのアヒルの赤ちゃんが、「ママがそんなに食べたいのなら」と自ら煮えたぎるスープの中に飛び込もうとするところを間一髪で救い、抱きしめて号泣してしまう。最後は池の水面を楽しげにこの仔アヒルと一緒にママになりきって泳いでいるトムの場面で締め括《くく》られるのだが、このエピソードによってトムという猫の、本能も打破してしまう愛情の深さに感銘した視聴者は世界中に大勢いるはずだ。

　これ以外にもトムという猫の奥行きの深さや幅の広さを示唆するエピソードは沢山あるのだが、とにかく私はこのアニメーションを何度も見ているうちに、自分の中での異性への理想をこのトムと重ねるようになってしまったのだった。

日常生活において、情けなかったり恥ずかしい部分がなるべく露顕しないようにという意識ばかりしていると、その人が本来持っているかもしれない比類ない良質な部分も見えなくなってしまう場合もあるという事を、トムは何と言っても体を張って教えてくれている。文明社会に生きる人（猫）として、ありとあらゆるみっともない煩悩や邪念をこれでもかというくらい見せつけてくれることによって、愛着がじわじわと生まれ出てもくる。そこがまた素晴らしい。

私が好きになった人にとっては、自分にトム的な要素をオーバーラップされていると知るのはそれほど嬉しい事でもないのかもしれないが、私にとっては実はそれが男性に対する最高の賛辞のひとつでもある。私はそれくらいトムという猫を愛している。

トムを演じてもらいたい役者
ニコラス・ケイジ

トム

アメリカのアニメ「トムとジェリー」のキャラクター。猫。ライバルはネズミのジェリー。色はグレーまたは水色。口周り、手首足首から先、尻尾の先は白。雑種と思われる。二足歩行ができ、体長は人間の腰程までの大柄。不死身。

スティーブ・ジョブズ

決して
良い人ではない
天才

2011年10月初頭、秋にしては冷た過ぎる風がミシガン湖からシカゴの街中に吹き付けるその日の夕方、学校から帰ってきた息子は教科書の詰まったリュックを背中からむしり取るようにして自分の部屋のベッドの上に放り投げると、締め切りが迫る原稿に没頭中の私に向かって「ママ、今すぐアップルストアに行くよ！　準備して」と声を掛けてきた。マックに嵌まっている息子が高校の同級生達と学校帰りによく家の近所にあるアップルストアに寄り道をしている事は知っていたが、その日は何故私が道連れにされるのかが腑《ふ》に落ちず、机に向けた顔も上げずに「嫌だよ、何か買わせようって魂胆だろ！」とその不意打ちリクエストを条件反射で却下した。すると息子は心外だという欧米人っぽい大袈裟《おおげさ》な表情を顔いっぱいに示し、半ば呆れたような視線を私に注ぎながら、「……ママさ……昨日ジョブズが死んだの知っているよね？　彼が死んだ事でお店の前が凄い事になっているから、ママはそれを見ておいた方が良いと思うんだよ、僕は……」と、その誘いを断る術などこの世には存在しないとでも言いたげな、抑揚のない断定的口調で言った。「私はジョブズのファンでもアップルのファンでも何でもないのに、そんなところへ行って何に感動するっていうの」とふてぶてしく返答すると、「だからだよ……」とまたしても大人びた乾いた溜息まじり

の息子の返答。「ママはジョブズがどれだけの人から愛されていたか全くわかってい
ない。わかっていないから見てほしいんだよ、ジョブズっていうのがどれだけ偉大な
人だったのか。なぜここまで僕がジョブズの事を凄いと思っているのか知ってほしい
んだよ！」

スティーブ・ジョブズは私にとって、息子の僅かな貯金と集中力をとことん吸い尽くそうという蠱惑《こわく》的な製品の発明者であり生産者であった。しかもそれまで、各メディアからこの企業家の独裁的で横暴で極端に資本主義的な振る舞いを耳にしてきたこともあり、たとえその製品が魅惑に溢れた優れものであっても、一種拒絶の気持ちが働きかけて、発売されたてのｉＰｈｏｎｅやらｉＰａｄを欲しいとか、自慢気に持っている人に対して羨ましいという気持ちすら抱いた事もなかった。

それでも、ジョブズが癌《がん》を患っているという事実をニュースで知った時は、この企業をここまで拡大させ、しかも維持をしていくにあたって、計り知れない気苦労や心労がこの人なりにもあったのだろうと気の毒な思いにもなった。未だ50代なのに新作お披露目の度に現れるジョブズの頭髪は白髪が目立つようになり、トレードマークの黒いタートルネックにジーンズ姿も彼の痩せた体形を強調するばかりになっていった。

頭蓋骨の形が目立つ薄い肉しか付いていないその顔の表情は暴君時代の生意気さが薄れて諦観した仙人のようになり、ああこの人はもうすぐ亡くなるかもしれないと、多分私だけでなく多くの人々が彼のそんな佇まいを見て察していた事だろう。

ミシガンアベニューのアップルストアの前には沢山の花束と一緒にロウソクも灯《とも》され、ジョブズの写真を取り囲むように沢山のメッセージが貼り付けられていた。皆どこか異国の地の聖域に辿り着いたかのような面持ちで、そんなメッセージのひとつひとつに視線を留めている。確かにそこに並べられている「ありがとうスティーブ」「あなたは偉大でした」「あなたがいなくて寂しい」という企業家の死を惜しむ言葉の数々には一抹の胡散臭《うさんくさ》さも感じられない。伝わってくるのは、心から慕っていた一人の人間が、この世を去った事に捧げられた素直な哀悼の思いだけだ。中には涙ぐみながら手にしていた花をジョブズの写真に手向けている人までいる。そんな光景に対して息子が「ほらね」という言葉を膨満させたような表情で私を見つめている。

私がその場でジョブズの死を惜しむ人々を目の当たりにして印象的だったのは、ジョブズが売り出してきた数々の画期的な製品に対するリスペクトもさることながら、彼らの敬意はこの我儘《わがまま》で横柄で独裁的とまで言われた「嫌われ者」ジョブズという人間そのものに対して揺るぎなく向けられている、という事だった。そこで初めてジョブズの特異なカリスマ性の資質に対して私の中に興味が芽生えた。

ウォルター・アイザックソン氏が手がけたジョブズ伝が世界で同時発売されたのは、ジョブズの死後間もなくの事だったと記憶しているが、それから数日後私のもとに日本の某出版社の担当者からそのジョブズ伝を原作に基づいたかたちでコミカライズしてみないかという依頼の電話が掛かってきた。

「なぜ私が……私より余程ジョブズが大好きで彼を漫画に描きたいと思っている適任者が他にもいると思うのですが」と意表を突く提案に思わずそう反応してしまうも、「ヤマザキさんは変な外人を描くのが上手いじゃないですか」と迫る編集者。

当時は連載作品を幾つも同時進行していた上、ジョブズの漫画となると正確さを怠れない面倒な機械などの描写も必要になるから、その時点で引き受けるのはとても無理だと判断し、いったん保留にしてもらうことにした。しかし後で息子や夫にそれを告げると「何を断っているんだよ、すぐにやるって返事しなよ！　本当にどうかしているよ」と一方的に非難される始末。挙げ句にはかつてフェラーリ社で有能エンジニアとして雇用されていたのに様々な確執が原因で大げんかをしてそこを辞め、もう30年もフリーとして孤立無援状態で変な乗り物を作っている舅《しゅうと》までが、「ジョブズのような希有な人物を描ける機会を容易に断るべきではない、こういう人こそ漫画にしてもらいたい」と乗り出してきた。普段漫画など1ページも読まない人が、である。

私はそれまでジョブズに対して抱いていた先入観をいったん真っ新にして、アイザックソン氏の著作を読みに掛かった。そこには冷静な著者の目を通して、一筋縄ではいかない複雑で厄介で実に面倒な一人の男の姿が描かれているわけだが、私はそんなジョブズがけしかける、どこかで従順さをコントロールする術さえ発揮していたら避けて通るか、もっと円満に解決していたに違いないはずの、尋常ではない様々な問題を辿りながら、舅に煽《あお》られた通り、「……やっぱりこの人のことは漫画にするべきかもしれない」と思うようになっていった。

なぜ他の人では起こり得ないトラブルや騒ぎや混乱がこの人には付いて回っていたのか。実はジョブズにとって屈辱や悲しみや苦労そのものが、自らの血となり肉となる大切なエネルギーになっていたのではないのか。意図的にではなくても、モラリスティックに様々な事象が機能している世の中に対しての、怨嗟《えんさ》や憤怒や嘲笑の糧をどこからか表に引っ張り出してきて、周りに叩き付ける事が、彼の想像力や行動力を養っていたのではないだろうか、と私はジョブズの関与してきた様々な出来事を文字で追いながら感じるようになっていた。

評伝を読んでいると、ジョブズの屈折の根底にあるものは、自分を育てる事を放棄した生みの親に対する怒りや悲しみなのではないかという臆測が、彼をとりまいていた様々な人々の口から出てくるが、私はそれも、恐らくジョブズが周りに信じさせようとしていた程、彼自身にとってダメージというわけではなかったのではないかという印象を持った。彼は彼を育ててくれた養父母を心底から愛しているし、養子であったがために性格が捻くれた、というのはあまりに短絡的で稚拙な見解のようにも感じられる。義理の両親からは常に「あなたは特別なのよ」と持ち上げられ、天才児扱いを受け、いわゆる我儘放題が許されていたジョブズはそんな扱いを受ける〝特別な自分〞を客観的に見る目が養われ、「養子」という事実も同じ経験を持たない周囲からは強い同情を集め易い、ということすら心得ていたのではないかという解釈が避けられない。

しかしそれと同時に、自分の誕生が歓迎されたわけではなかったという事実が彼の中に不安定さを増幅させていったのも確かだろう。ジョブズは自分の周りにいるカリスマ性を持った人物に興味を持ち始め、インドに聖人を求める旅をしたり禅の道に踏み込むなど様々な自己啓発を試み、最終的には自分が最も頼れる「自分自身」を形成しようと懸命になる。自分の生き様や考え方に疑いを持たないための最強の防具を身につけていくその有様は、要するに彼の抱えている大きな孤独の象徴そのものであったのかもしれない。

ＬＳＤを常用し、菜食主義を保ってお風呂に入らず、自分は汚れもしなければ臭くもならないと信じていた若き日のジョブズ。初めて勤めたゲーム会社にはそんな出で立ちで通い、その会社の社員は自分以外全員馬鹿者だと放言しまくり、周りの強烈な顰蹙を買うも夜勤に回って勤めは全うする。付き合っていた女性との間に生まれた娘の父親である事をＤＮＡ鑑定で証明されてすら認めようとせず、会社の中に同意が得られない社員がいれば容赦なく罵声を浴びせて解雇を言い渡す。企業の拡大に伴い様々な経営を試みていく過程で、一緒にアップルを立ち上げた無二の親友に去られ、自分のものだったはずの会社からも追放されるという最悪なシナリオ。そのような挫折が幾度繰り返されても、傷ついてボロボロになってもそれを一人きりでリペアして立ち上がることが可能だったのは、やはり彼は自分自身を最後まで「ダメな奴」とは思わなかったからだろう。

孤立化への顚末を常に念頭に置きつつも人から嫌悪されるような態度を取るのは、本当に勇気の要る事だが、それは根底に本質的に自分に対する全うな信頼や厳しさ、そして誠実さが伴っていなければ叶わない事でもある。それくらいの事をやらかしても、それが後に制裁を避けられない事態を招いたとしても、自分は自分を一人で支えられるから大丈夫、という確固たる意志が備わっていなければできない事だ。

この世の歴史上にはジョブズのような要素を持った人物は何人もいた。その人が悪人としてその名を留めるに至ったのか、そうではなく特異な偉人として名を留められたのかは、後世への伝えられ方やその人達の残してきた業績にも因《よ》るところだが、私がアイザックソン氏の著書を読んでいて常に脳裏に思い浮かべてしまうのは、このエッセイの冒頭で取り上げた人物、古代ローマ皇帝ハドリアヌスである。あえてここではこの皇帝の詳細や私個人の思い入れの根拠などについては繰り返さないが、この皇帝も周辺にいた人々からしてみれば揺るぎなき「暴君」であり、「我儘で偏屈」「繊細だけど凶暴」「元老院の意見にも耳を貸さないボーダーレス」という、調和を知らない厄介者以外の何者でもなかった。ただこの人には建築という本職以外の情熱があった。政治や経済とは関わらない分野において、自分の中に育まれる想像力の表現手段をこの創造物に託していた。しかもその能力は一般的な建築家では足下にも及ばない卓越したものであり、現代における建築学においてもハドリアヌスの存在は大変重要である。男性は本来社会的な適応性を巧みに操れる生き物ではないと思っている私にとって、ハドリアヌスもジョブズも人間関係で上手くやりくりする事より、建築や斬新な端末の発明など、人間にしかできない創造に全力を注いだ、飽くまで自然の摂理に対して忠実だった人、ということになる。この創造性というのが、後に単なる捻くれた酷《ひど》い人という扱いになるのか、捻くれた酷い人だけど天才で凄かった、となるのかを分けるポイントなのかもしれない。

ジョブズは風呂にも入らず長髪の裸足《はだし》姿でゲーム会社に通っていた頃から、周りとは決して調和することのない自分のあり方を、自分に課せられた使命のように捉えていたのかもしれないし、少なくともそういう基準値を外れた人間の存在も社会は認めていくべきだという信念のようなものがあったはずだ。私は漫画の中で、若いジョブズがウォズニアックと一緒に星空を見上げながら、何故自分達は人からタブーとされている悪戯《いたずら》をすることにそれほどの喜びを感じるのか、という事を語り合うフィクションを取り入れた。そこで二人は、悪戯というボーダーの向こう側にあるのは、自由なのだと定義する。囲いの中だけの発想からしか生まれないものは発展性もなくて結局つまらない。周りからは良く思われなくても、思い切って囲いの外へ出た方が余程面白いものが作れるのだと。

そしてジョブズは、そんな周りを疲弊させ尽くすくらいボーダーレスで前例のない数々の試みをしては賞賛されると同時に非難もされ、怒り、傷つき、失望を繰り返してきたわけだが、それは全てアップルから生み出されてきた機能性と夢に溢れた商品がこの世に出るための代償だったとも言える。

そしてジョブズが最終的にどんなに臭くて鼻持ちならない嫌な野郎でも、この人でなければ生み出せないものがあるのだと、審美眼と寛容さを持ち合わせていた人間達が彼の周りにいたのも大変重要な事である。

ゲーム会社でも、大学でも、その後のどんな組織でも、毒にあたる覚悟でこの扱い辛い難解な人間を受け入れようとする懐の深さを持った人達のいる社会というもの自体に私は感動し、昨今ではほぼどこで暮らしても、どこを見回しても滅多に感じることのない理想的な民主主義の一部分を、ジョブズの周辺から実感できたような気がした。

ジョブズって凄い人なんだよと強調する息子は漫画家とは違う視野でこの人物を見ているのかもしれない。でも、一般的に言うところの「良い人」を一貫して装わなかった彼の、意地と勇気のおかげで熟成したものがあったことは確かであり、その傲慢さや我儘を単なるみっともないものにさせなかったジョブズのスタイルは無自覚であろうともかっこいい。それはやはり、時には崩れるとわかっている橋を渡ったり、あえて注意深過ぎなかった彼の大胆な行動力の成果だろう。言い方はおかしいが、何となくジョブズは資本主義社会という修験道世界を全うした一人の修行僧のようにも思えてくる。

ジョブズを描くのが面白いという話をしたら、それを耳にしたハワイにいる息子から「ところで、そろそろ新しいｉＢｏｏｋｓに買い替えたいのだけど……どうかな」と調子の良い連絡がきた。勿論今のがダメになるまでは買い替えられませんとその要請は却下。ジョブズ伝の漫画化を私に説得してくれたことについて彼には感謝しているが、世の中そんなに甘くはないのだった。

Steve Jobs

スティーブ・ジョブズ
（1955年－2011年）
スティーブン・ポール・
〝スティーブ〟・ジョブズ。
実業家、資産家、作家、
教育者。アップル社の共同
設立者の一人。Macintosh、
iMac、iPodなど革新的
な製品を生み出す。黒い
タートルネックがトレー
ドマーク。

空まで抜ける
声を持った
音楽職人

山下達郎

ヨーロッパへ留学するため、スーツケースを引っ張りながら成田空港をうろついていた17歳の私のヘアースタイルは、限りなく丸坊主に近いショートで、服装は穴の開いたボロボロのTシャツに黒い細身のパンツという、奇骨さを最大限に露顕させたブリティッシュ・パンク仕様だった。しかし、手元の搭乗券に記載された目的地は、そんな当時の私にとって憧れの地だったロンドンではなく、イタリアの首都ローマ。自分の意思ではないと言っていいその旅立ちに、血湧き肉躍るような興奮はなく、これから世の中の事を何もわかっていない未熟な自分を待ち構えているであろう、縁もゆかりもない土地での推測不可能な諸問題を思い浮かべて、表情はむしろ暗かったはずだ。異国への留学という経験は、自分の周辺の誰かと気軽に共感を分かち合えるような類いのものではない。母国である日本においても、これから異国人扱いを受けて行くイタリアにおいても、自ら孤立の方向へ進んでいこうとしている不安は増長するばかりだった。

ありとあらゆる隙間から自分の頭の中に注ぎ込まれた不安から、意識を解放させる手段はひとつしかない。私は御茶ノ水の音楽喫茶「ウィーン」でバイトをして貯めたお金で購入したばかりの、新品ウォークマンのスイッチを入れた。その中には、同時期に発売されたばかりの、大好きなミュージシャンの新譜カセットテープが仕込まれていた。

軽快なイントロが始まった途端、脳味噌の溝の隅々にまで絡み付いていた心細さや、周囲の雑然とした音が一気に振り払われ、目の前に忽《たちま》ち広がる光景は、どこまでも青い空にわき上がる入道雲と、その真下で真っ白な泡を膨らませて盛り上がる大海原の豪快な波。ビーチからその光景を目を輝かせつつ見つめる褐色の若者達の腕に抱えられているのはサーフボード……。

そう、坊主頭にパンクな服装で全身を固めた私がウォークマンで聞いていたのは、ザ・クラッシュでもＰｉＬでもない。山下達郎さんの「The Theme From Big Wave（ビッグ・ウェイブのテーマ）」だ。私はその新譜として出たばかりのカセットテープを既にヘビーローテーションで聞きまくっており、目的地に着くまでにテープが擦《す》り切れてしまうんじゃないかと思われる程だった。

鞄の中にはそれ以外にも、長い間録音し続けてきた山下達郎さんのラジオ番組のテープも入っていたが、渡伊後、それらは本当に聞き過ぎたために磁気がおかしくなり再生ができなくなってしまった。パンクの武装でイタリアに、新たな自分の人生の開拓に踏み込んだ私の細胞は、終始山下達郎さんの音楽で栄養補給をし続けていたのである。

私は小学校高学年の時からの山下達郎リスナーである。クラシック音楽家の親から仕込まれたバイオリンにもピアノにも、今ひとつ身が入らなかった理由は、もともとクラシック音楽だけでは飽き足らず、あらゆるジャンルの音楽を聞くのが大好きだったからかもしれない。

学校へ行けば周りの女の子はみんな西城秀樹や郷ひろみといった歌謡曲や、ベイ・シティ・ローラーズのような流行りの洋楽を聞いたりしているわけだが、私はどうもむかしからビジュアル系ミュージシャンへの嗜好を持ち合わせておらず、なかなかみんなの会話の輪の中へ入っていくことができなかった。

その頃家で私が熱心に聞いていたのはペレス・プラードやザビア・クガートなどのラテンバンド、ヘンリー・マンシーニやミシェル・ルグランなどの映画音楽である。母の影響で古い洋画を見るのが好きだったからだ。日本の音楽ならば、荒井由実さんなどシンガーソングライターと言われる類いの、要するに自ら歌を作って歌う表現者の生み出す音楽が、子供の分際で琴線に触れていた。

たまたまFMラジオから流れてきた「パレード」という音楽でシュガー・ベイブの存在を知ったのもこの時期だったが、つかの間に流れて終わってしまったその印象深い音楽を、再びラジオで耳にする事はなかった。グループ自体はその時点では既に解散していたので、多分リクエスト番組か何かでたまたま掛かっていたのだろう。しばらく経ってから近所に住んでいた音楽好きの大学生に「そういえば、こんな音楽知りませんか?」とサビの「パレードが行くよ〜」を何度かうろ覚えで歌ってみたら、すぐにグループ名と曲名を教えてくれた。

あの時、ラジオから聞こえてきた、山下達郎さんの歌声は、恐らく私が人生で初めて好きになった「歌う人間の声」だったかもしれない。日本人の声にありがちな情緒的で湿っぽさが一切感じられなかったのが決め手でもあった。

達郎さんの声には、飛行機が真っ青に晴れ渡った大空に向けて飛び立っていく、あの朗々とした清々《すがすが》しさが感じられた。地平線の向こうに広がった未知の空間へすーっと伸びていく、一片の不純物も混ざっていない、朗々とした大らかでまっすぐな声。

近所の大学生は私の達郎熱に気を良くして、貸しレコード屋からアルバムを借りてきてはテープにダビングをしてくれた。今思えばあの人の協力なしにはあそこまで山下達郎さんの音楽にのめり込む事はできなかったかもしれない（後に寝たばこでぼや騒ぎを起こして、その貸しアパートからは追い出されてしまったが）。

それから程なくテレビで流れていたカセットテープのCMで、水平線の彼方《かなた》に昇りつつある大きな太陽に向かって海の中に立っている山下達郎さんの姿を初めて見ることになった。白いジャケットの裾を翻し、長い髪を風になびかせて、テレビ画面に向かって人差し指を立てた腕を差し伸ばす。掛かっている曲は「RIDE ON TIME」。その画面をじっと見つめながら、12歳の私は憧れの声の主の姿に胸をときめかせた。

ここ数年、達郎さんのキャラクターデザインを手がけている同業者とり・みき氏のお陰で、何度か達郎さんのライブを拝見する機会があった。というか、ライブに合わせて日本へ戻るスケジューリングをするくらい、もはや自分の人生にとって欠かせないイベントとなっている。

この方のライブの何が特別なのかというと、やはり音楽の力を聞く人々に限なく届けようという、揺るぎのない説得力かもしれない。音楽は聞いたその瞬間にそこから消えてしまうものなのに、どんな物質よりも強く、強烈なエネルギーを込めたまま、人間の中にいつまでも残り続けていくものなのだ、ということを、音という言葉で心地良く伝えられているような気持ちになるのだ。

そんな音楽の本質を芯から把握している音楽職人達の創作現場がステージであり、そこで仕上がったばかりの音をその場で受け取り、その品質に高揚する客席の私達。達郎さんのライブが毎回素晴らしいのは、生み出す方も受け取る方も、どちらの感性にも妥協や怠惰がないからだ。

真夏の西海岸や南の島がイメージされる山下達郎さんの音楽を、イタリアのような国で聞き続けてきた事に、私は何の違和感も覚えない。イタリアは美術でも技術でも音楽でも、人間の為せる業《わざ》はここまでじゃない、人間の可能性は宇宙大、という巨大なスケールの探究心を古代から育んできた土地である。達郎さんの音はフィレンツェの街中であろうと、ローマの古代遺跡の中であろうとどこでも馴染《なじ》んでいたし、どんな時代でもどんな空間でも色褪せる事のないものを作る、という意識に覇気を与え続けてくれた。

そして今も、地球の上をうろうろしている私の頭上に、山下達郎さんの音楽は、自分の居場所を示してくれるひとつの力強い恒星として、常に光り輝き続けているのだった。

RIDE ON TIME

山下達郎

（1953年－）

東京都豊島区池袋出身。ミュージシャン。1975年シュガー・ベイブとしてデビュー。1976年ソロ・デビュー。1980年「RIDE ON TIME」が大ヒット。1989年「クリスマス・イブ」がオリコン1位。竹内まりや全作品のアレンジ及びプロデュースを手がける。

マルコ少年

子どもであろうと
イタリアの誇り

イタリア男のイメージというのは、世界の人種の中でも最も思い描きやすいものなのではないだろうか。日本人というものが、かつてチビの出っ歯で眼鏡《めがね》にカメラというくつかの記号で表されていたように、イタリア人と言えば恰幅が良くて、どこでもカンツォーネを歌い出すオヤジか、または昨今のメディア各方面で見られるような、体の毛穴中から色気が噴出した女ったらしの中年男性、というのが、多くの人の頭に浮かんでくるイタリア男の有り様だろう。実際イタリアの男性達は、我々日本人が〝チビ出っ歯眼鏡〟で表された自分達のイメージを見ても、今更もう何も言う気がしなくなったように、海外用に流通しているイタリア男のアイコンにはもう何も口出しはしない。世界に名だたるラテンラバーという看板を引っさげて生きていくのも、まあ実際そんなに悪い気はしないのかもしれないが。

実際、日本のテレビでもたまにイタリア人の出演者を見かけるが、例えばかつてのサッカー日本代表の監督であったザッケローニなど、タレント業の人以外は別段女ったらしな雰囲気を醸し出しているわけでもなく、イタリアでもよく見かけるごく一般的なイタリア男達の印象だ。ただ、やはりアングロサクソン系の男達と違うものがあるとすれば、それは彼らから放出されている何か独特な憂いと、甘えん坊感だろうか。

根拠はどこにあるのだろうと考えていると、ふと、とある日本人に大変馴染みの深い一人のイタリア男の事を思い出した。おそらく私達日本人はその一人のイタリア男の存在を知った事を皮切りに、独特の意識を彼らに対して持つようになったのかもしれない。

私達はかつてそのイタリア男（男と言っても9歳の少年だが）の健気な生き様を、お茶の間でだらだらしながらテレビ越しに見守っていた。19世紀のジェノバで、裕福ではないが知識階級の父親に育てられたその利発な少年は、家計を助けるために南米へ出稼ぎに行ったまま帰らぬ母を捜し求めて、一人で大西洋を渡って南米大陸へ赴く。今なら児童虐待じゃないかとクレームが付きそうなくらい散々な目に遭いつつも、愛する母親に会いたいという意思に支えられながら、くじける事なく必死で彼女との距離を縮めていく……。

イタリア児童文学の傑作『クオーレ』の挿話、「母をたずねて三千里」の主人公マルコ少年は、私達にイタリア男の情熱やセンチメンタリズム、気弱さ、そしてマンマへの愛というものを知らしめた、イタリア男プレゼンテーターの第一人者かもしれない。

実際、イタリアという国はヨーロッパの中でも有数の移民流出国家だったので、家族との別れなど不条理な思いを強いられた子供達は沢山いたはずであり、たとえマルコがフィクションの中の登場人物であったとしても、彼がイタリア男の持つ美徳を全身全霊で表現していたのは間違いない。

日本の雑誌メディアで取り上げられるイケてるイタリア男は、皆、無精髭を生やし、首にスカーフを巻き、高級な腕時計を塡《は》めたスタイリッシュオヤジ達だが、私はそんな年かさのいった脂っこい連中ばかりではなく、是非マルコ少年をイタリア男子の元祖的アイコンとして普及してもらいたいと思う。なぜなら、スタイリッシュオヤジ達だって、皆学校で『クオーレ』は読まされてきたであろうし、そうでなくたって日本から輸入されたアニメを通じてマルコ少年の存在は知っている筈《はず》なのだ。世界の果てであろうと何だろうと、野垂れ死にをしかけてもマンマに会いに行く、イタリア男としてその姿勢を全うしたマルコ少年はいつまでも彼らの誇りであり続ける事だろう。

MAMMA ARRIVO...!

マルコ少年

マルコ・ロッシ。日本のアニメ「母をたずねて三千里」(1976年)でも有名な少年。9歳。イタリア・ジェノバに暮らす。元気で働き者。ブエノス・アイレスに出稼ぎに行ったっきり音信不通になった母アンナ・ロッシを尋ねるため旅に出る。

孤独感に惑わされない
特別なヒト

デルス・ウザーラ

母は私を出産した直後、「女の子が生まれたら絶対にこれにする」と心で決め続けていた名前を付けるのを諦めたそうだ。その名前と、生まれてきた私のイメージがあまりにかけ離れ過ぎていたのと、その名前よりもぴったりなものが私の顔を見た途端に閃いた事で、最終的に今の名前になった。

そんな話を聞いていたからだろうか、私も自分の妊娠が判明した時も、その後9カ月間妊婦であった時期も、正直生まれてくる子供の名前についてなど全く真剣に考えた事はなく、母のように出産直後の直感で決めればいいと思っていた。そして実際、うちの息子は生まれた直後に私の直感によって「デルス」と命名された。

名前に親としての思い入れを託したくなる気持ちはわかる。日本は宗教的な拘わりが希薄な国だから、諸外国のように聖人の名前や偉人の名前を付けるという風習はメジャーではない。名前に用いる漢字という記号に、子供に対して抱く親の気持ちが投じられ、名前を授かった子供は一生その親の気持ちと一緒に生きていく事になるわけだ。いつまでも美しくあってほしい、幸せに育ってほしい、聡明な人間になってほしい、逞しく力強く育ってほしい……。様々な夢と希望に満ち満ちた、それらの家族の思いは確かに生きていく上で大きな心の支えとなるだろう。私のように「あまりに顔が丸かったから」という理由で付けられた名前より、夢とロマンに彩られた名前の方が、親からの愛情だってストレートに伝わってくるものだ。

かといって、丸いからマリ、というその原始人が初めて見たものに名前を付けるような感覚も、私は決して嫌ではない。海外の聖人や先祖の名前を踏襲する人々の中で暮らしていると一層実感できるが、名前が記号以上の意味を持たないのもそれはそれで良いようにも思う。

とにかく、「生まれたいんです、どうか私を産んで下さい！」と望んだわけでもなく、親の都合でこの世の中という、嵐も凪《なぎ》も何でもありの大海に産み落とされてしまう子供（むしろ売れない画家として、貧乏どん底の暮らしを強いられてきた私にとっては、こんな世界にやってくるなんて、どれだけ不憫なんだ、という思いさえあった）の名前には、様々な経験で身についてしまった毒気や邪念で汚れた自分の嫌らしい思惑を投入したくない。生まれた時に思いつく名前は、できれば至極客観的なものであってほしいと、それだけは強く思っていた。

分娩室で子供が生まれた瞬間、私はまず彼の名前よりも先に、10年間結婚もせずにだらだらと付き合ってきた、経済的生産欲ゼロの詩人の彼氏と別れようという確固たる決断をしたが、それとほぼ同時に潜在意識の彼方から「デルス」という名前が頭の中に浮かび上がってきた。

「デルス」とは、19世紀後半から20世紀初頭にかけてのロシアの探検家ウラディミール・アルセーニエフが書いた極東の探検記録に出てくる人物だ。

しかし、なぜ10年間連れ添った彼氏と別れよう、という決意とともに、この「デルス」がセットで脳裏に浮上したのだろうか。イタリアへ来て間もない頃、最初にこの本を「素晴らしいから読みなよ」と紹介してくれたのがこの詩人だったからだろうか……？　確かに、現状では両親がたとえセットとして揃っていなくても、かつてはお互いを尊重し合っていた証を子供が知るのは悪い事ではない。一切何とも関連性のない名前が浮かんできますようにと願っていたわりには、閃いたのは立派に因果関係の成立した名前だったが、それはそれで悪くないと判断した。

こうして息子の名前は、世界の何処の国に行っても「あんた何人？　その名前どういう意味？」と問い質《ただ》されることを免れない、東シベリアの北方少数民族のものになった。

探検家アルセーニエフが記したこの書は、1970年代に黒澤明監督によって映画化されている。この登場人物「デルス・ウザーラ」とはいったい何者なのか。端的に答えるとすればロシアの少数民族の「猟師」である。シベリア極東部シホテ・アリン地方のゴリドという先住民族であるデルスは、推定年齢60代後半、家族を病で失い、たった独りきりでこの果てしない大自然の中で生き延びていくために、必要最低限度の狩りをして暮らしている。そこにロシア政府からこの地域の地図作製を命じられたアルセーニエフの測量チーム一行がやってくるわけだが、現地の事情に詳しいこのゴリド族の老人に、滞在期間中のガイドを請け負ってもらう事になる。政府から送り込まれたアルセーニエフ達が、シベリアの、時には過酷で容赦ない環境で、文明に身を委ね過ぎてしまった人間がすっかり忘却した自然への敬意や愛、些細なようで深い人生哲学への認識を、この老人を通して深めていくというのが大雑把なあらすじだが、シベリアの自然にも似た北海道の森の中に放ったらかされて幼少期を過ごした私にとっては、初めて読んだ時から様々な描写が琴線に触れる作品だった。

最終的にデルスは発達した文明の犠牲となり、不条理な死を遂げてしまう。この話を知っている友達は息子に「デルス」という名前を付けたと知った時、「あんなかわいそうな最期を迎える人の名前を子供に付けるなんて、不吉じゃないの！」と私を責めたが、死に方は悲惨でも、デルス・ウザーラの生き方というのは未だに私の中では、人間という生物の生き方としては至上のものだと思っている。

デルス・ウザーラはシベリアのタイガの中で、〝精神〟というオマケは付いていても、一介の野うさぎやカラスやトラなどそこに生息するその他の動物達と全く同じ生き物として、おおらかに、自然と地球の秩序に背かない生き方をしている男である。

デルスは、周囲の人間達に自分の姿を映し出すことで自分自身を確認するという人間社会の複雑な性質に侵されていない。人間は宗教や法律といったものに教えを乞うたり頼ったりしなくても、大地や植生や動物達などといった自然の織りなす掟に逆らう事なく生きていれば、無意識のうちに道理にかなった倫理観や、優しさが備わるものなのだという事を、私はこの老人の生き様によって知った。デルス・ウザーラは地球という惑星に一切の負担も迷惑も掛けず生きている、とても希有な人間なのだ。

私的には、息子が青春期に差し掛かって、自分の存在についてだとかそんな青臭くて若い悩みと向き合う時期になったら、自分の名前の由来を気に掛けて、デルス・ウザーラの書籍や映画に出会ってほしいと思っていた。しかし、思いがけないきっかけで、彼は既に5、6歳くらいの段階で自分の名前がこのシベリアの老人に由来するという事実を知ってしまい、しかも子供らしい勘違いをして、あちこちに「自分はデルス・ウザーラというシベリアの猟人の末裔《まつえい》だ」的な事をとても誇らしげに言いばら撒いていた。映画でのデルス・ウザーラの真似をして、近所の原っぱで集めてきた枯れ草や枝で、シェルターのような隠れ家のようなものを、友達と作ろうとしている現場を目撃した事もある。

まだ子供だった息子は、なぜ私がこの人の名前を彼に付けたのか、そこまでは気になっていなかったようだが、取りあえず森で誰にも頼らず一人ぼっちで暮らすお爺《じい》さんスゴイ！　くらいのリスペクトは芽生えていたようだった。

別に私は母親として、息子にはデルス・ウザーラのようになってほしいと思っているわけではない。しかし、デルスという老人は、右を向いても左を向いても人間だらけの社会という密林で生きていく時に感じる事を避けられない孤独感が、実は着脱可能なものであるということを教えてくれる。

タイガに生息する様々な野生動物達と同様に大自然に愛でられて生きているようなその姿は、子供にデルスという名前を授けた私自身が、実は一番目指したいと思っていたものなのかもしれない。異国での、一人きりでの出産で、彼の名前が頭に閃き出た一番大きなきっかけは、実はそこにあったのかと今更ながら気付いた次第。

Дерсу Узала

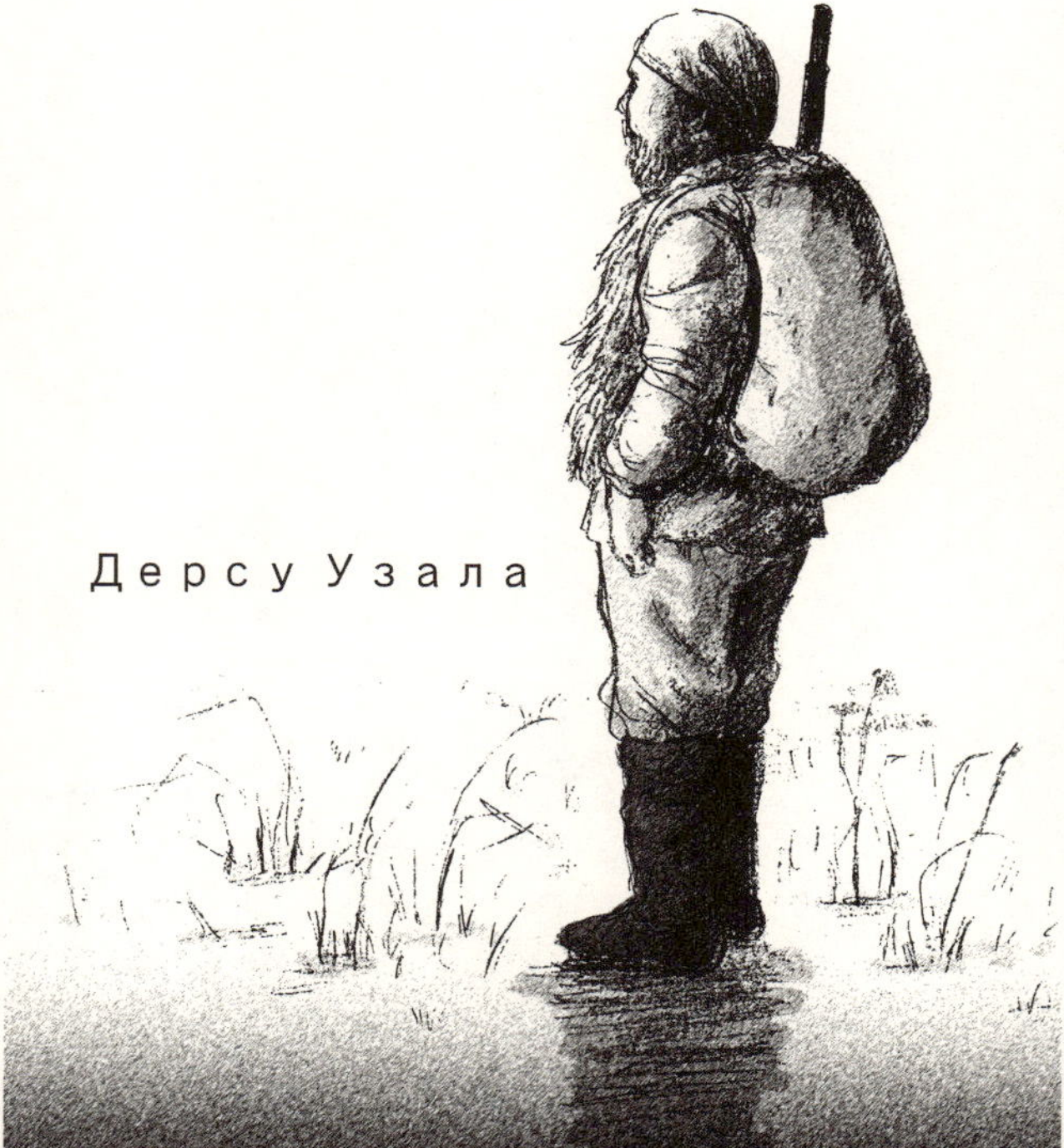

デルス・ウザーラ

ロシアのシホテ・アリン地方の先住民ゴリド（現ナナイ）族の猟師。ロシア人探検家ウラディミール・アルセーニエフの探検記録『デルス・ウザーラ』に登場。同書は黒澤明が映画化。

マン・レイ

〝知られざる自分〟
を撮る職人

世には結構な数のカメラマンという職業の人々が存在する。実際にプロとして生計を立てられているカメラマンの数が何人くらいいるものなのかは想像もつかないが、取材等の折りに様々なカメラマンが自分の前に現れるのを見ていても、東京のようなメディアの発達している大都市では需要もある分、プロで活動している人達の数は相当なはずだ。

人間というのはカメラの存在しなかった時代から、人間の形状の有り様というものをそこかしこに記録しておきたくなる生き物である。具象画がそのテクニックを極めた古代ローマ時代に、随分沢山の肖像が描かれたり彫像として彫られてきてはいるけれど、要するに古今東西、人間の形を残す職業という事で、フレスコ画の絵師も彫刻家も、現代のポートレートを手がけるカメラマンと時空を超えた同業者という括りになるのだろう。

他の動物達も知能というものが仮に発達すると、果たして自分達の魂の容れ物を記録として残しておきたくなるのかどうか気になるところだが、この地球上で最も灰汁《あく》の強い生き物が自分自身を被写体として使って自分自身の何かを表現する、というのはよく考えてみるともの凄く特異な事のようにも思えてくる。

実際私自身もかつては画学生として、肖像画や人物画ばかりを描いていた時期があったし、今でも漫画家として日々是《これ》様々な人間という形を描きながら生きている。特に最近は歴史上の奇人変人をモチーフにした作品ばかり手がけているが、人間を描いていて面白いなと思うのは、たとえ本人達が既にこの世に存在していなくても、被写体は描き手である自分の思惑通りに動いてもくれなければポーズすら取ってもくれない、という事だ。どんなに細かい特徴を捉えて、その人物に対する自分のイメージをそのまま投影してみようと思っても、描いているうちに不思議な事にその被写体は二次元の壁の向こう側から「おまえの勝手な解釈で脚色するな！」と訴えてくるのである。

静物や風景というのはほぼ描き手の心情が筆を操るものだが、肖像画やポートレートとなるとそうはいかない。死んでいる人を扱うのも容易ではないのに、ましてや生きている人間を目の前にして、その有り様を描き出さねばならないとなると、一種の自我意識同士のぶつかり合いとなり、出来上がった作品に対しても自ら独りで作り上げたもの、という気持ちにはなりづらい。かといってそれは共同作品というカテゴリーの物でもない。

静物や風景のような被写体であれば、如何様に表現される事も寛大に許してくれそうではあるが、人間の顔となるとそうはいかない。表現する側とされる側の観念性が問われる特殊な創造物、それがポートレートというものなのではないかと思う。

マン・レイという人はその点、どんなに気難しい被写体も、かなり寛容に捉えていたカメラマンかもしれない。彼の撮影現場に立ち会った事があるわけではないから、残された作品や記録からその人となりを想像するしかないのだが、例えば、監督の世界で言えばマーティン・スコセッシではなくウッディ・アレン的な（ユダヤ人という共通点も含めて）、アニメ界で言えばウォルト・ディズニーではなくドルーピーなどを生んだテックス・アヴェリー的な、絵画の世界であればミケランジェロではなくブリューゲル的な……。

要するに自分の作品がどう社会に影響を及ぼすか、人々にどう解釈されるか、どんな感動を齎《もたら》すか、なんて事は二の次三の次、いや、下手をすると人に見せるために創作していたかどうかすら定かではないタイプの表現者の一人だったのではないかと私は思っている。不必要に陳《ひ》ねていて、ストレートな感情表現を極端に嫌い、わざと物事を歪曲した目線で捉えるお茶目な悪戯小僧……。正に私が理想とする高品質な変人男性特有の資質がマン・レイというカメラマンにはふんだんに籠っていた。

高校時代、傾倒していたジャン・コクトーのポートレート経由で私はこのユダヤ人の偏屈カメラマンの存在を知るに至ったのだが、だいたい画家出身のマン・レイがカメラマンになった動機は〝自分の作品を写すため〟であった。NY生まれのこのユダヤ系アメリカ人は、その後活動の場所をパリへ移すわけだが、そこでは既にダダイズムやシュールレアリスムという、正統派美術の主流から派生した複雑でニヒリスティックな新風潮が巡らされており、〝自分の作品を写すため〟にカメラを手に取るようになった彼は当然そちらの磁場へ引き寄せられていく。多元的表現の尊重、ステレオタイプを打ち砕く非同調のパワー、普遍性への嫌悪——この頃ヨーロッパで生まれた一種の文化改革的な動きというのは、中世の宗教的倫理観の拘束による観念がルネサンスで打ち砕かれた時や、60年代後半からのヒッピー・ムーヴメントとも同系列の感覚なのではないかと思うが、シュールレアリスムもダダイスムもそれなりの傾向性を特徴づけていたにせよ、ボーダーレスな表現の自由を芸術家達に導いた動きである。

マン・レイはそんな文化人達の中に交ざり込んで、実に沢山の人々の顔を撮影した。

勿論人間だけではなく、独自に生み出した技法や印画紙の効果を駆使したオブジェ写真なども撮っているが、それら一連の作品を見てみると、やはりマン・レイの写真というのは、他の写真家とは明らかに一線を画したものばかりだ。彼が被写体にした面々を見ていると、まずそれらの人々自身がマン・レイという写真家に撮られる自分の姿に、期待でわくわくしているような、どこか尋常ではない表情に見える。

彼の撮影してきた文化人達は上述のジャン・コクトーもそうだが、当時パリでは時代の寵児として活躍していた有名人達でもあるから、様々なカメラマンに自分のポートレートを撮影してもらっているはずだ。そんな彼らを撮影したカメラマン達だって、文化人として既に評価されている人物に対するリスペクトや思い入れを、レンズの向こうに重ね合わせながらシャッターを押していたはずである。

だが、マン・レイの撮影には、そんな有名人礼賛のフィルターは用いられない。いや、マン・レイ自身はそれなりの敬意や喜びを以て彼らの撮影に挑んでいたのかもしれないが、どうもそういった思いは撮影された印画紙には表れてはこないらしい。

マン・レイは経済的な理由でその後『ヴォーグ』などといった雑誌用のファッション写真等も撮るようになり、職業写真家としても成功を収めていくのだが、そんなおしゃれモード写真も、雑誌媒体に掲載されるという意識の働きかけが窺える中に、やはりマン・レイ独特の視点がエッジを効かせている。

マン・レイは皮肉屋ではあったけれど、とても情熱的な男でもあった。彼は私的にはそれほど美男でも何でもないのだが、彼と恋に落ちる女達は皆第一級の美女で、しかも才能溢れる人ばかり。そんな彼女達と全身全霊を傾けての大恋愛を展開させては、辛くて痛々しい思いもたっぷり味わっている。マン・レイはそんな寸々《ずたずた》に傷ついた自分の姿をオートポートレートとして撮影していたりもするのだが、そんな劇的な愛の崩壊に打ち拉《ひし》がれている自分ですら、彼の手に掛かれば哀しさの中に可笑しさと皮肉さが込められたものになっているのが秀逸だ。

撮影されたものがどんな様子となって出てくるかが予測できない、マン・レイのそんな写真の中のもうひとつの要素は、恐らく彼のカメラに対するメカニズム的嗜好性にあるのではないかと思う。カメラという機械は、どんなに撮影者が熱い思いを抱いて被写体を写し出そうと思っても、その意識を理解することはない無機物の塊だ。絵画と違って、気持ちが直接手から紙の上に繋がっていくわけではない。操るテクニックをものにしていなければ、自分の思い入れなんてハナクソくらいの扱いしかされない、それがカメラという複雑な精密機械の冷酷さだ。

マン・レイはレンズ越しに被写体を見つめていつつも、集中力の何割かはそんなカメラというややこしい機械への純粋な興味に奪われていたのではないかと思われるし、その拘りをあえて抑えようともしていない。

マン・レイは写真だけではなく、絵画やオブジェ、映像など幅広い表現手段で様々なものを生み出してきたが、そういった作品越しに必然的に見えてきてしまう、この人の人間としての特異性や面白さ、味わい深さに惹きつけられた人達も多いはずだ。以前私の漫画の担当者が「作品越しにそれを生んだ作者の面白さが見えてこなければ所詮作品もつまらない」と呟いていたのを思い出す。

写してもらったはずの自分の姿に、シニックさや情熱、ユーモア、職人的固執性がいっしょくたになって露出してしまう、そんなポートレートを撮れる写真家は今も昔も滅多にはいないだろう。

MAN
RAY

マン・レイ

（1890年－1976年）

アメリカの画家、彫刻家、写真家。ダダイストまたはシュールレアリストとして、多数のオブジェを制作。レイヨグラフ、ソラリゼーションなどの技法を駆使する一方で、シンプルなポートレートも得意とする。

ガリンシャ

人間臭い
サッカーの神様

昼間の快活さがトーンダウンして、しっとりと落ち着いた様子に変化する夕暮れ時のリオ・デ・ジャネイロの海岸を散歩していると、日中そこを訪れていた人々の無数の足の窪みが残った砂浜で、帰宅時間に縛られていない子供達が、街灯が灯り始めてもずっとサッカーをして遊んでいるのをよく見かける。半ズボン一丁で、ボールを追って真っ黒になった足の裏を翻し、砂煙の中で躍動する細い褐色の身体には、我々中年の人間が背負っているような見苦しいものは一切付着していない。ストレスや、それを解消しようと流し込んだアルコールによる脂肪や老廃物の蓄積を感じさせない人間の形というのは、見ていてこれほどまでに心洗われるものなのかと感心し、私はしばしその光景をぼんやりと眺め続けてしまうのだった。

そういえば、日中はそのビーチの何カ所かにスポーツクラブが陣取ったスペースが設けられていて、そこでカラフルなゼッケンを着けた、育ちの良さそうな白人の子供達がテクニカルなトレーニングをしているのも見かけたが、夜はそれよりもっと広い敷地がその褐色の子供達の貸し切りとなるようだ。コーチこそ付いていないが、どの子もまるで宙に舞う羽根のような軽やかさで砂の上を飛び跳ねていて、ボールの操作が頗る上手い。この中から、もしかしたら未来のブラジルを背負って立つスター選手が現れるのかもしれないと思って眺めていると、胸も自然と高鳴ってくる。いつまでもじっと見続けていると、その動きが徐々にスポーツという概念を通り越し、地球の鼓動を感じながらジャングルの中で生活している、部族の踊りのようにも見えてくる。サッカーは様々な国において繁栄しているけれど、欧州とアフリカの精神性が渾然一体となったブラジルという土壌には、特にぴったりの運動なのかもしれないと感じるのだった。

ブラジル北東部のサルバドールという街を訪れた時、名所旧跡を巡る多国籍ツアーのガイドをしていた青年から突然「あなたにお願いがあるのですが」と声を掛けられた事がある。随分前に調達したテレビゲームソフトの解説が日本語なので、是非それを翻訳してほしいというのだ。日本の人には滅多に会う事もないので是非頼みを聞いてくれと懇願され、その場にいた青年の同僚から「こいつは良い奴だし新婚だから信頼していいよ」という保証も付けられたので、私はその頼みを聞き入れる事にした。

青年は街の外れの、ブラジルではファベーラと称される貧民街の一画にある、嵐に見舞われれば忽ち壊れてしまいそうなトタンと板を継ぎ合わせた家に暮らしていた。

舗装もされていない道には黄土色の水たまりがいくつもできていて、そこには数匹の野良犬が集まっている。新婚の奥さんは最初、ドアの向こうに突っ立っている突然の珍客を見て戸惑っていたが、ゲームの解説書を訳してもらうんだと青年が説明すると「ああ、それは良かった！」と安堵の微笑みを浮かべた。恐らくもう随分長い間、そのゲームを実践できずに悶々となっている夫の姿を見続けてきたのだろう。彼女の表情を見て私も緊張感から解放され、さっそく青年の願いを叶えてあげる事にした。

青年が私に訳してもらいたがっていたのは、サッカーのゲームだった。内容はよく覚えていないが、確かその当時までの歴代オールスターがピッチに現れるという何やら夢のような設定になっていて、さっそく画面に黄色いユニフォームの選手が現れると青年はそれだけで猛烈に喜んでいた。さすがサッカー大国、この人もご多分に漏れずサッカーが大好きなのだなと思いながら何気に部屋の中を見回すと、壁には色褪せたサッカーの王様ペレと、もう一人私の知らない選手のポスターが何枚か貼られているのに気がついた。ペレよりもどことなく垢抜けていない、田舎臭い面持ちのそのもう一人の選手を指して「この人誰？　知らない」と問いかけると、青年は愕然とした表情になり、「ガリンシャを知らないの⁉」と問い返した。「確かにペレは世界に名だたるサッカーの王様だけど、僕も家族もこっちのガリンシャの方が好きなんだ、死んでしまったし、活躍した期間は長くなかったけど、素晴らしい選手だったんだよ。この人もブラジルではペレと並んでサッカーの神様なんだ」と、青年はゲームのコントローラをいったん床に置き、その伝説の名選手についての説明を訥々《とつとつ》と語り始めたのだった。

ブラジルを代表するサッカー選手と言えば誰しもがペレを思い出すわけだが、そのペレ自身が「ガリンシャがいなければ私はワールドカップで3度も優勝することはなかっただろう」と公言する程、その存在はブラジルサッカー界においては絶対的なものだという。理知的なテクニシャンであり、サッカー選手として崇高なプロ意識を持っていたペレとは対照的に、ガリンシャはサッカーへの思い入れも本人の生き様も極めて人間臭い。

ガリンシャというのはポルトガル語で小鳥のミソサザイを意味するが、本名ではなく彼がその小鳥の名前で呼ばれるようになった由来は定かではない。その頃のブラジルサッカー選手の殆どがそうであったように、ガリンシャもやはり貧しい家庭に生まれた。幼い頃にポリオを患ったために背骨はS字に曲がり、足も湾曲して左右でその長さが違うようになってしまった。加えて軽度の知的障害も残っていたが、そういったハンデがサッカーをプレイする上では特異な効果を齎した。何よりも、湾曲した足が予測の付かない動きをすることにより街で一番のドリブルの名手となり、それを見ていた周りの方が黙っていられなくなった。もともと本人はさほどサッカーに対しての熱意は持っていなかったし、プロになりたいと思う気持ちも強くなく、全国民を揺さぶった1950年のブラジルワールドカップにおけるマラカナンの悲劇も見ていなかったくらいだ。しかし最終的には周囲からの説得に折れて19歳にしてリオのボタフォゴFRに入団。トリッキーなテクニックと阻止不可能な巧みなドリブルで相手を翻弄しまくり、デビュー戦でもうハットトリックを決めるなど、本人には自己アプローチのつもりがなくても、徒者《ただもの》ではない才能を露《あら》わにすることになった。

「誰にもガリンシャを止められない」と言わしめるスター選手となってサッカー界に君臨していたが、やがて湾曲した足に掛かり続けた負担により膝に支障が出るようになる。安定した入場料収入を求めるクラブも、そして処置を施す事によって選手生命が絶たれる事を恐れたガリンシャ自身も手術を先送りにし続けていたが、膝の軟骨は限界まで磨り減ってしまい、結局手術を行うもその後は二度とそれまでのようなプレイはできなくなってしまった。ガリンシャは、自分が活躍期間が限定の使い捨て選手であったという自覚を強いられることとなった。

　彼の妻であるエルザはブラジルで活躍していた歌手で、一時期この二人はこの国を代表するカップルとまで言われるほど仲睦《むつ》まじく過ごしていたが、引退後にガリンシャは自家用車で交通事故を起こし、本人は軽傷で済んだものの助手席に乗っていたエルザの母は死亡した。その事故の頃から一日に摂取するアルコールの量も増え、自殺未遂を何度も繰り返すようになる。新天地で何かできるのではないかとヨーロッパへ移住するなど試行錯誤を重ねるも全て思い通りにはいかず、エルザとも別れて再び自分の生まれ故郷に戻ったガリンシャは、49歳にしてアルコールの過剰摂取による肝硬変でこの世を去った。

　ペレは自分の環境の変化を真っ向から受け入れて、新たな刺激を自分の自信向上のために手際良くインプットしていく能力を備えていたが、ガリンシャにはそのようなアビリティも強い向上心もなかった。大好きな妻と沢山の子供達に囲まれて、完璧ではない身体でありながらも、心からサッカーを楽しんだ純粋な男ガリンシャ。その憎めない人柄からブラジル国内では実はペレ以上に国民から愛された選手であり、世代を超えて今も尚、この選手の功績を讃《たた》える人は沢山いるという。

サルバドールのファベーラでゲーム機の説明を終えた私は、青年の用意してくれた知り合いの運転する軽トラの荷台に乗せられて、街中のホテルまで送ってもらった。途中通りかかった空き地で、裸電球の下サッカーをしている少年達の姿を見かけたが、リオの海岸にいた子供達と同様、贅沢な暮らしをしているわけではない彼らの身体には全く贅肉が付いていない。でも、何故だかその佇まいには、みじめな悲壮感は漂っていなかった。ほっそりとしなやかな身体はエネルギッシュに躍動し、そしてやはり宙を舞う羽根のように軽快だった。それは人間の姿というより、何か美しい小動物の戯れのようにも見えた。ブラジルサッカーを世界に知らしめた選手の名前の由来は小鳥のミソサザイ。天真爛漫にサッカーを愛した一人の男の儚《はかな》い人生は、まさに人間の生み出す全ての文化が他のどこよりも自然と強く結びついているブラジルという国そのものの、決して誰にも真似のできない至高の魅力であると言えるだろう。

PELÉ GARRINCHA

ガリンシャ

（1933年－1983年）

マヌエウ・フランシスコ・ドス・サントス。ブラジルの元サッカー選手。2度のワールドカップ制覇に貢献した20世紀最高のウイングの一人。愛称の「ガリンシャ」とはポルトガル語で山岳に生息する小鳥、ミソサザイ。トリッキーなドリブルで注目を集め王様ペレと並び称された。

サンドロ・ボッティチェリ

実は
気さくでおしゃべり
社交人

15世紀後半、ルネサンスの風潮が益々高まりつつある経済都市フィレンツェで活躍した画家の一人にサンドロ・ボッティチェリがいる。『芸術新潮』の連載「Gli Artigiani ルネサンス画家職人伝」（とり・みきさんと合作）で冒頭に登場させたのは、ダ・ヴィンチでもラファエロでもミケランジェロでもなく、この人だった。
私がフィレンツェの美術学校に入った頃、教師から何度も模写をさせられたのがこの画家の作品だったこともあり、私にはルネサンス時代の他の誰よりも、親近感を抱く存在だからだ。

美人画の名手としてフィレンツェで名声を博したボッティチェリの師匠はフィリッポ・リッピという女好きの坊さんで、自分が司祭として赴任した修道院の修道女と恋に堕ち、坊さんと修道女の立場でありながら駆け落ちをしたという突飛な経歴を持っている。その後僧侶の資格を失い、駆け落ちをするほど愛した妻をモデルにしたリッピの一連の聖母像は、それまでのイコンのような形式化した様子のものとはがらりと変わり、誰が見ても人間らしい愛らしさに溢れた身近にいる美しい女性として描かれているものばかりだ。

フィリッポ・リッピは初期ルネサンスの中でも画期的な時代の進歩を感じさせてくれた画家だが、彼が敷いた、〝毎日見ていてうっとりできる聖母像〟というレール上には、ルネサンス盛期にどの時代の誰が見ても普遍的に美しいと思える聖母を描いて大スターとなるラファエロのような存在がある。

ルネサンスとは古代ギリシャ・ローマ時代に繁栄していたハイレベルな文化の復興を意味するが、長きにわたる中世に築かれた、自由思想を抑圧する重たい殻が徐々に破られ始めたのは12世紀頃に溯《さかのぼ》る。ルネサンスの精神は主にダンテやペトラルカといった思想家や作家達を通じて、文学の世界でいち早くその兆しを示し始めていた。絵画という表現媒体にルネサンス的転換期の心理の反映が見出せるのは13世紀の画家チマブエの作品あたりからだ。未だ無表情のイコンのスタイルが当たり前とされていた時代に、聖母の顔に初めてちょっとした柔らかさを齎したのがこの人だった。

チマブエ以降、イタリアの画家達はそれまでの型にはめられた表現技法にそれぞれ多様な試行錯誤を繰り返すわけだが、上述の好色坊主画家に弟子入りしたサンドロ・

ボッティチェリは、その流れの中で更に優雅で洗練された独自のスタイルの絵画を生み出し、それがルネサンス界の大パトロンであるロレンツォ・ディ・メディチの目に留まることになるのだった。

サンドロ・ボッティチェリの代表作と言えば、今やウフィツィ美術館の目玉でもある「プリマヴェーラ」や「ヴィーナス（ウェヌス）の誕生」といった、古代ギリシャ・ローマ復興の概念を基調にした作品群だ。そんな中でも特に私が気に入っているのは「パラスとケンタウロス」という、知性と戦いの女神であるパラスが、野獣ケンタウロスの頭髪を摑んで牽制《けんせい》している姿を描いた作品である。

ボッティチェリの描く一連の美女はみな視線がどことなく虚ろで定まっておらず、何を見ているのかがわからない。体軀は優美でありながらギリシャ彫刻同様がっしりと肉感的であり、肌は透き通るように白くて柔らかい質感を思わせる。このパラスも褐色の長くて柔らかそうな髪の毛を背中になびかせ、美しい薄布の服に身を包んだ可憐な佇まいでありながら、右手には戦いの象徴である重厚な武器を携え、左手ではケンタウロスの髪を摑んで首をひねり、この力強くて野蛮な存在の身動きを取れなくしている。しかし、その表情には全く険しさがなく、憂いに満ちた視線を焦点の定まらぬ位置に据え、どこまでも透き通るような崇高さを放っている。

ボッティチェリは生涯独身を貫いているので、果たして女性に興味があったのかどうかも不明だが、少年などが生き生きと可愛らしく表現されるのと比較すると、女性の美しさはどことなくノージェンダーで非現実的だ。この絶妙な温度感の女性像こそが、他のどの画家にも真似のできないボッティチェリ絵画の特徴とも言える。

ロレンツォ豪華王をも虜にしたボッティチェリの描く美しい人物の技法的特徴は、やはり輪郭線だろう。ダ・ヴィンチやミケランジェロのようなリアルで滑らかな立体感が醸された手法と違い、この人の描く人物は皆細い線で身体の輪郭を縁取られているが、それはどことなく漫画の主線を思い起こさせる。輪郭を引けば顔立ちもくっきりするし、私も何度か模写をしているうちに、ボッティチェリの現代に通じる美的意識に感心するようになっていった。彼がアヴァンギャルドな画家だと評される事はそれ程ないが、私はそこに描かれる人物達の、「二次元」と割りきった潔い表情に漫画とどこか共通する親しみを覚えずにはいられない。

しかし、ボッティチェリ自身は彼の描く、繊細で優美な描写からは想像がつかない程、実際は気さくでお喋りで悪ふざけも大好きな社交人だった。彼の工房には常に人の出入りが絶えなかったらしいが、ロレンツォ・ディ・メディチも彼のそんな性格に惚れ込んでパトロンとなり、生きている間はこの人の画家としての人生を支えた。金銭面には全くの無頓着、文化が激しく新陳代謝を繰り返す刺激的なこの時代のフィレンツェでの暮らしを謳歌しつつも、晩年には強い禁欲を提唱する新思想に取り憑かれ、絵を描く事を一切止めてしまうのである。

ボッティチェリの描く古典的テーマの美しい作品が、メディチの所有していた屋敷を飾るようになってからしばらくして、フィレンツェには様々な予言を的中させる一人の奇怪な修道士が現れた。サヴォナローラというその修道士は文化と経済が融合し、人々が美徳に対する貪欲さを露顕させていたルネサンスまっただ中のフィレンツェを非難し、アリストテレスやプラトンなどの古代の思想を忘却する必要があると人々に訴え、「娼婦のような」聖母像を焼き捨てる事を激しく促した。サヴォナローラは徹底的な禁欲とキリスト教的倫理観の復興で、浮かれる人々の意識を正そうと全身全霊で説法を繰り返したのである。

この時に一体どれだけの絵画や彫刻が失われたのかはわからない。サヴォナローラの説法に影響を受けたボッティチェリはなんと自らの「娼婦のような」聖母像やその他の作品を、「虚飾の焼却」と称される機会に焼いてしまったのである。サヴォナローラはブームになった直後に処刑されるが、あれだけ古代世界に傾倒していたはずのボッティチェリも、サヴォナローラ信者だった家族の影響もあって、この僧の極端な理念を最後まで支持し続けた。

その後数点だけ、サヴォナローラの説法がそのまま顕現したような絵を描き上げると、ボッティチェリは完全に絵筆をおいてしまうのである。豪快でお喋りで皆を楽しませていたボッティチェリは人前に姿を現す事もなくなり、貧困のどん底に陥ったまま65歳でこの世を去った。

彼の生き方を辿ると、現代の漫画家業と同様に、絵という文化が経済の力によって操作されるようになった時に発生する、詮無い不安が存在していたことを感じさせられる。しかし、絵で生きていく、というのは所詮そういうことなのかもしれない。

私も、漫画家として将来どんな顛末が自分を待ち構えているのか想像もつかないが、今も原稿用紙を広げて必死になって絵を描いていると、ふと500年前の大先輩の存在が脳裏を過《よぎ》り、「余計な事は考えないで、とにかく描ける時に描きたいものを、いっぱい描いておこう」という意識に支えられるのだった。芸術家であるよりも、絵を描く職人として。

Sandro Botticelli

サンドロ・
ボッティチェリ
（1445年－1510年）
ルネサンス期イタリアのフィレンツェ生まれの画家。ボッティチェリは兄が太っていた事から付いた「小さな樽」という意味のあだ名である。代表作に「プリマヴェーラ」「ヴィーナス（ウェヌス）の誕生」など。

空海

時空を超える
スケールの大きな男

日本は、海外から自分の国がどう見られているのかを気にする傾向が強いと感じる時がある。

例えば、とあるスポーツ選手が世界選手権で勝ち進んでいった時、その選手の活躍を国の未来の象徴と置き換えて賞賛する一方で、その人が外国のメディアではどう捉えられているのか、というところにまで意識の触手が伸びる。海外の新聞で我が国の誰々はこう評価されていた、ああ言われていた、というのを紹介している報道番組を見ていると、積極的にグローバル化なるものを提唱している一方で、海外とは距離を縮めたくない頑な意固地のようなものが存在しているようにも感じてしまう。

この海を隔てたこちらとあちらの、何だか釈然としない違和感というのは、古代から日本人の中に蔓延《はびこ》っていたものであり、それは遣隋使や遣唐使の派遣といったような発想からも何となく窺い知る事ができる。大陸の地表に国境がある国では、どんなにボーダーを引いても他国の息吹は常に生々しく感じられるし、文化や考え方がどんな遮り方をしても陸伝いに混入してしまう事もある。しかし日本では、他国と直接コミュニケーションを取るには、自主的に海を渡るか、渡ってくる人と接するしか選択肢がない。

日本と同様の島国であっても、周辺の国々の様子が気になるわけでもなく、「うちは別にこれでいいから」と毅然と構えていられる国も世界には存在すると思うのだが、日本人は知識欲が旺盛で、プライドと自国繁栄の志を強く持った人種だからなのか、自分達の国の見られ方に敏感であるだけでなく、他国の様々な文化や事象の情報を欲する姿勢も旺盛だ。また、日本で独自に発達してきた精神性や文化について、褒められる分にはいいとしても、何らかの問題点を指摘されたり分析されるのは苦手らしい。

私も、たまに公の場で「海外ではこうで、日本ではこうである」という、単純な比較を述べ、それを「日本への非難」「外国暮らしの上から目線」と頭ごなしに解釈されてしまうことが度々ある。そのような反応をされてしまう度に感じるのは、自分のように早いうちから海外に出てしまった人間が、日本人としてのアイデンティティーを持ち続けつつ日本について何かを発言する時には、殊更気を遣わなければならない、ということだ。

イタリアでは国営放送のニュースキャスターが自国の欠点を「みなさんご存知の通り、なんせイタリアってのはこういうところだから」と、堂々と視聴者に対して発言することがあるけれど、日本人はイタリア人のように、自分達の弱い部分を自ら暴いて開き直ったりするような人種ではない。だから、海外に出て海外の情報を深く吸収してしまった日本人は、日本に対する客観的な発言に殊更気を遣うことになる。果たして、今まで海外で長く過ごして日本に戻ってきた人達も、同様の困惑を覚えてきたのであろうか？

海外へ行くのが簡単になる前の時代にして既に、日本の外へ長期間出た経験のある人は決して少なくはない。ふと思いつくのは森鷗外や夏目漱石、藤田嗣治、ジョン万次郎。もっと溯れば戦国時代に欧州へ渡った天正の使節団の少年達や、上述した遣隋使や遣唐使として大陸に渡った人々。時代はそれぞれ違うが、皆、海外に渡り、そこで何かを学んだり習得したり活動したりした人達である。

そんな中でも新しい仏教の理念というハードルの高いものを日本に齎し、広く浸透させることができた空海という僧は、嗅覚も鋭ければ審美眼も併せ持ち、しかも日本を離れていた自分と日本をバランス良く馴染ませる事のできた、想像以上に頭も要領も良い人であったに違いない。

今から20年程前に遡るが、アメリカの大学で曼荼羅を記号学的に読み解く研究をしているイタリア人の記号学者から私のところに、「円空という僧侶の一刀彫のあるお寺をいくつか訪ねたいので、案内してほしい」という依頼があって、それを引き受けることになった。

この学者と一緒に、南北海道に散らばる円空仏を探して色々な場所を巡っていた時、廃仏毀釈《はいぶつきしゃく》の直後に漁師の網に引っかかったという希有な来歴を持った円空仏のあるお寺を訪ね、そこで我々はある若い住職に出会った。

円空について少し話し込んだ後、記号学者がその住職に、自らの専門は曼荼羅を記号学的に解釈することなのだという話をし始めた。そこが真言宗のお寺だったという事もあり、学者はこの知性も教養も高そうな住職が、それに対して何らかの関心を示すのでは？　と思っていたようだ。しかし、住職は瞬きもせずに冷静な目でじっと目の前の異邦人を見つめると、「修験というものを通してやっと辿り着けるとされている世界を、学術で解くのですか？」と穏やかに問い質した。

イタリア人学者はその言葉を受けて、まいったなあ、という大袈裟な表情を作って苦笑いをしていたが、住職も彼の答えを特に期待している風でもなかったようで、「では円空仏をお見せしましょう」と踵《きびす》を返して仏像の置かれている本堂へ我々を誘《いざな》い、結局曼荼羅の話はそのまま途絶えてしまった。

私はその後も住職の言葉をずっと頭の中で反芻し続けていた。それまでアメリカにおける日本研究や仏教学の奥深さや幅広さについて、その学者から斬新な切り口の話を聞くのが楽しみだったのが、その一瞬の住職と彼とのやりとりを目の当たりにしたとたん、興味の矛先は真言宗の開祖である空海へと転がった。円空仏調査をさっさと終わらせて、その住職からもっといろんな説法を聞いてみたい、という衝動にすら駆られていた。その数日後、やっと仕事が終わって家に帰った私は、早速空海についての書籍をいくつか注文し、若い住職にはお礼のメールを出した。

そもそも空海のような、伝説と実話が混沌となったような人物のイメージは摑み難いものがある。

彼に関する様々な書物を読んだり映画を見たりもしたのだが、そういう情報を取り込めば取り込む程、全体像の輪郭が益々曖昧なものになってしまうのだ。空海がどれだけ多元的な要素でできた非凡な人間であるのか、果てしなさ過ぎて想像力がアテにならなくなる。

遣唐使として渡った唐で彼が辿った足取りは勿論大雑把にしかわからない。ただ、様々な文化や宗教、人種が複雑に入り交じった長安という大都会で、空海が目の当たりにしたのは、形容できないくらいスケールの大きな地球の、多様な人間の考え方やあり方だったはずだ。そして空海は異国中国の圧倒的に水準の高い文化や思想を突きつけられても、恐らく過度に狼狽《うろた》えることもなく、すっとその新しい環境の中に、水を得た魚のように溶け込んでいける人だったに違いない。

中国人を驚かせるくらい流暢な中国語を喋っていたというが、語学力は相当なものだったようだし、人々の心に訴えてくる力強さ、優美さ、説得力が絶妙なバランスで統合された空海の書く文字には、目にした誰しもが感動を覚えたという。長い航海の後、滞っていた唐への入国も、空海の一筆で中国人を感激させて許可が下りたという言い伝えもある。同時に、土木エンジニアとして灌漑《かんがい》工事の指揮もとり（空海が長安で学び伝承したというアーチ型堤防は古代ローマを発祥とする技術だ)、医学にも精通していた空海は、左脳右脳とも満遍なく発達していた正真正銘の万能の人だったのである。

私が自分の中にある空海像を説明しようとすると、面白い事にそれは古代ローマ帝国の魅力を語るのとほぼシンクロする。地球上で発生した多様性や、様々な地域の一律性のない考え方や習慣を、拒んだり選んだりする以前に、とにかく寛容な姿勢で全てを受け入れる。宗教に携わる人間としての意識は持っていても、新しい感覚を知るためにボーダーを越えることを躊躇《ちゅうちょ》しない。古代ローマの博物学者プリニウスは人間という生物の中に潜む宇宙を意識した記録を残しているが、空海が唱えていたのもまさに人間という果てしない小宇宙である。どこの国籍でどんな宗教でどんな違いがあって、というカテゴライズがどれだけ矮小なものなのか、そういう人の存在があると実感できる。

空海への思いに取り憑かれていた頃、ふと衝動的にチベットまで赴いた事がある。

上述の若い住職の、どんなに脳を使って考えても辿り着けない精神世界や領域というものがある、行動を起こし、体を張って受け止めようとしなければ得られないものもある、という言葉に背中を押されたからだ。

しかし私は拉薩《ラサ》に到着するなり重度の高山病で倒れて病院送りになり、死にそうになった。そんな散々な目にも遭ったところで正直何かが得られたかどうかは未だにわからない。思い出せるのは朦朧とした意識の中を巡っていた「私はここで死ぬのだろうか」という気持ちと、かつては人々が、苦労して何カ月も何年も命がけで到達していた場所に、安直に飛行機や列車で辿り着き、何かを知ったつもりになって帰ろうとだけ思っていた、自分の判断への底なしの反省だけである。

あの旅は今も自分への戒めとなっている。


旅はもとより、留学は一切自分への甘やかしが許されない。様々な屈辱や、挫折への誘惑との葛藤なども漏れなくセットで付いてくるが、そういったものを最終的にどう自分自身を司る血や肉に変えていくことができるのか。そしてそれを、日本へ戻ってきたときにどう生かすことができるのか。散々な思いをしてでも海外で得た知識や情報を、日本の人にどう嫌みなく、不純物を加えず、魅力的で素晴らしいものとして伝えることができるのか。日本の外側というものが、特別であると同時に突出して特別でもない、我々人間の暮らす空間の一部であるということをどうしたらわかってもらえるのか。

〝留学〟という理念の真髄が、空海という人物の中にはっきりと見えてくる。

KUKAI

空海

（774年－835年）

弘法大師の諡号《しごう》で知られる真言宗の開祖。天台宗の開祖最澄と共に平安初期に活躍。中国より真言密教をもたらす。能書家としても知られ、嵯峨天皇・橘逸勢《はやなり》と共に三筆の一人に数えられている。

イタリア男子

世界一
かっこいい
マザコン

私はイタリアに暮らしているが、自分の周りには日本の小洒落たメンズ雑誌で見かけるような、男の色気を毛穴という毛穴から放出させ、頭は女性への思いで飽和状態、という人は一人もいない。私の家族に至っては夫も素肌にシャツなんてあり得ないし、踝丈のパンツで素足に革靴もない。

イタリア男子は地域や環境によってその種類も千差万別であり、北部と南部では見事に見た目も性質も違ってくる。古代からギリシャ、フェニキア、エジプトなど多様な先進文明国家の交易が盛んだった地中海のど真ん中に突き出したこの半島の、どこにどんな人種がやってきたのかによって発生した地域的特色は、そのまま現代のイタリアにもはっきりと継承されている。例えばかつてはギリシャの巨大植民地とされ、のちにイスラム文化の多大な影響を受けた南イタリアには、骨格もそれほど大きくはなく、肌の色も濃い男性が多い。髪の毛は黒く、瞳の色もダーク系だ。その後ノルマン王朝がおかれたりブルボン家の統治下におかれていたシチリアやナポリでは、遥かな昔の遺伝子を引き継いで透き通るような青い目にブロンドヘアーの人にも稀に出会うが、やはり骨格は小さく、肌も褐色だったりする。

それに比べて北イタリアは、南部とは違ってユーラシア大陸北部からの民族移動によって混血化が著しかった地域なので、ゲルマン系のDNAを感じさせる背も高くがっしりとした体軀の人が増え、金髪碧眼率もぐっと高くなる。私の夫はヴェネツィア近辺の血筋だけでできている人間だが、髪の色も明るく碧眼で背も高い。シチリア島へ旅をした時はどの店に入っても英語で話しかけられていた。

とはいえ、どこの州や街に育とうが、多くのイタリア人には昔から東西南北様々な血が混ざっているので、見た目だけでは地域性の特色は断定できない。決定的なのはやはりメンタリティの差異だろう。未だにオーソドックスなマチスモ意識を持つ人が多い南イタリア男子に比べて、北イタリア男子は家庭でも社会でも女性上位の姿勢の人が目立つ。北イタリアの男性が南イタリアへ旅をすると「ああ、南部の女性ってなんて女性的で慎ましやかなんだろう……」と溜息を漏らしてしまうくらい、北イタリアの女性は強いのだ。

北イタリア男子は全般的に情動性を抑制している人が多いし、南イタリア男子のように自分に対しても決して甘くない。私の知っているナポリ男は、ふられたばかりの涙ぐんだ自分の顔を鏡に映していつまでも見つめていたが、北イタリア男子でそんなことをする人は多分誰もいないだろう。

私の見解だが、ボローニャ以北のイタリア男子達が「あいつって、いい奴だよな」というシンパシーを示す同性は、だいたい知性があり、理性的で冷静な判断力を持ち、虚勢を張らず、だけど一緒に笑って飲んで楽しめる人である。北イタリア男子には気の弱さとプライドが共生し、自らの中に芽生える悩みもストレスも真っ向から受け止めこそはするが、放棄はしない。彼らの持ち前の真面目さが放棄させないのだ。世界中の人人が妄想しているイタリア男のように、美しくグラマラスな女性や美味しい食べ物が悩みの解決になるとはほとんど思っていない。だから彼らにはどこか独特の憂いがある。

そう考えると、私たち日本女性にとって北イタリア男子は、南イタリア男子のようなエキゾティックさはないけれども、どこか親しみ易さを覚える存在とも言えるだろう。

ただ、忘れてはいけないことをここでひとつ。北だろうと南だろうと、イタリア男子達に絶対共通しているもの、それはマンマとの普遍的な愛の結束だ。北イタリア男子がどんなにクールでメランコリックな魅力を放っていても、彼らの背景にはそんな息子を全身全霊で包み込むマンマの存在があることを、自分こそが息子にとって世界で一番の女性だと確信している彼女達の存在があることを、どうぞくれぐれもお忘れなく……。

私の知っているミラノ男子は
こんな様子の人。
俗にいわれている特徴は、
理詰めな言葉づかいで仕事好き。
礼儀正しく義務感も強い。
時間もわりと正確。若干鼻につくのは
プライドの高さ……など。

仕事熱心でも
遊びたい時には
おおいに遊びますよ
ミラノ男子も！

まあ、やっぱり
おしゃれな人多し。

北イタリアのナポリと称される
ヴェネツィアの男子には金髪碧眼が多く、
プライドは高いけれどふざけたり
冗談を言うのが大好きという傾向あり。

浪費家。旅好きも多し。
おっとりした方言に癒される事も。

イタリア男子

モテる男、あるいはオシャレな男の代名詞。伊達男とも称される。素肌にシャツを着て胸をはだけ、先の尖った革靴を履いている（イメージ）。日本ではパンツェッタ・ジローラモがその象徴とされる。

初老のマウロさん

いつもいつでも
そこにいる、
〝いつもの〟という安心

家から歩いてほんの10分程度のところに、私が行きつけにしているその小さな食堂はある。メニューの数も多くないし、季節ごとに内容が変わるわけでもない。旬の食材が手に入った時は、お店の人から直接「本日はこんな料理もできるんですが如何ですか」と薦められる。

食堂のご主人であり調理人でもある初老のマウロさんはたいていいつも調理場に引き籠りっぱなしだが、お客が少ない時は私のような馴染みの客のテーブルに寄ってきて、天気や景気、そして政治家のゴシップ話をする。他人様の噂話をしている時のイタリア人の顔は実に血色の良いものになるが、マウロさんも同じで、そんな時は見兼ねた娘がやってきて、彼の腕を引っ張って厨房に連れ戻す。

そんな人懐っこいマウロさんだが、彼にも苦手な客はいる。毎日昼時になると現れる頑固な顔つきの老人。この人は自力でもしっかり歩けるのに、たいがいは通りで出会った親切な誰かに付き添われてお店に入ってくる。ある時はサングラスにダメージ加工のジーンズ姿のスタイリッシュな若者、またある時は両手に買物袋をぶら下げた体格の良い中年のオバさん。またある時はイタリア語もおぼつかない移民のアフリカ人青年。

そういった人々に気を遣われながら食堂に入ってくると、老人はすぐに大声で「いつものパスタを頼む！　持ち帰りで！」と叫んで店員の注意を促す。周りに置かれているお酒の瓶が振動しそうなくらいの大声なので、お客もびっくりして全員振り向いてしまうが、マウロさんの娘はそんな彼に「もう少し小さい声でも聞こえますよ」と優しく対応をする。しかし老人は「わしは自分の声が聞こえんのじゃ！」また大声で答える、そんなやりとりが為されているうちに、〝いつものパスタ〟が出来上がってくるのである。

「あの爺さん、ここでメシ喰ってると〝味がせん！〟って大声で叫んだりするから困るんだよ。数年前に総入れ歯にしてから余計煩くなった」とマウロさんがボソボソこぼしていたが、それは確かにお店の人にとっては困惑の材料だろう。

しかし、数週間前、またいつも通りお店に姿を現した爺さんはいつものパスタを頼んだ後、「わしは、心のない家族のせいで明日から施設送りになったからな、もうパスタは用意せんでいいぞ！」と大声で叫んだ。皆どこか半信半疑でその声を耳にしていたが、その次の日から爺さんは本当に姿を見せなくなった。

それから間もなく、お昼時に私がいつも通りお店へ向かって歩いていると、ビニール袋を持って足早に歩いているマウロさんとすれ違った。彼は私に「施設に入れられたあの爺さんが俺のパスタを食べたがってるって人づてに聞いてさ、仕方がねえ、これから持っていってやるんだよ。すぐ戻るから」と眉を八の字に大袈裟に歪ませつつも顔全体で微笑んだ。

私はその日、食堂で爺さんが注文し続けていた〝いつものパスタ〟を初めて食べてみた。トマト味の、きっと沢山の年輩イタリア人が懐かしいと思う、昔風の、素朴で味わい深いパスタだった。

初老のマウロさん

イタリアの食堂のご主人であり調理人。人懐っこくゴシップ話が大好物。得意料理は〝いつものパスタ〟。

マルチェッロ・マストロヤンニ

美男子ではない
究極の二枚目

日本の大学でイタリア語やイタリア文化を教えていた頃、新規で入ってくる学生達に、イタリアという国を面白く知ってもらう目的で必ず見せていた映画に、ヴィットリオ・デ・シーカ監督の『昨日・今日・明日』がある。これは、数あるイタリア映画の中でも、個人的に好きなもののひとつだが、イタリアという一筋縄ではいかない、複雑な国の概要をここまで簡潔に、それでいて味わい深く表現した映画は他になかなか思い浮かばない。

南北に長いイタリアの街やそこに暮らす人々の特徴が、3つのエピソードに纏めて展開されるオムニバス構成になっており、それぞれのストーリーに登場する主人公の男女は、世界におけるイタリア女性の代名詞と言ってもいい大女優ソフィア・ローレンと、そして同じく世界中から愛された、イタリア男性の象徴的俳優マルチェッロ・マストロヤンニによって演じられている。ナポリの貧しい下町で沢山の子供を抱えながら生きる気丈な女から、ミラノでロールスロイスを乗り回す退廃的な大富豪のマダム、そしてローマのお色気たっぷりな娼婦まで演じ分けるソフィア・ローレンのダイナミックでしなやかな演技は実に素晴らしい。しかし、そんな彼女に様々なシチュエーションで翻弄されるイタリア男を演じるマルチェッロ・マストロヤンニという俳優の秀逸さは、言葉に尽きる。

この映画は決して彼の代表作ではない。

恐らく多くの人がマルチェッロ・マストロヤンニと聞いて思い浮かべるのは、『甘い生活』や『8½』などといった、フェデリコ・フェリーニ監督作品の中に登場する彼の姿だろう。

イタリア男のダンディズム、アンニュイさ、過剰な家族愛によって歪曲した複雑な心理……。イタリアという国をよく知らない大勢の人は、かつてこれらのスクリーンに登場するマルチェッロという俳優越しに、イタリア男の知られざる実態を、何となく垣間見たような気持ちになったはずだ。

アメリカへの移住が盛んな時代以来世界中に定着してしまった、いつもオペラのアリアを口ずさむ太った飲兵衛のオヤジというイタリア男の垢抜けないイメージを、がらりと覆したのも彼だった。

マルチェッロは、決して美男子だと私は思わない。

だが、彼が文句なしに二枚目と称されるのは、やはり佇まい全体から自然と放出される様々な要素の美しさ故だろう。


男性の美しさというものは、どんなに美しい外見をしていても、そういった単純なパーツの整い方やシンメトリーさでは賄いきれないものがある。

これはあくまで私論だが、男性というのは年を重ね、甘いも苦いも全ての感情の通過を経てきてからの方が、人としての美しさが際立つ生き物ではないかと思う。もちろん女性にも同じことは言えるけれど、肉体的な細胞の若さへの固執など一切振り払った潔さが映えるのは、やはり男性の方だ。


マルチェッロの場合は、若い時から既に、その表情にはどこか寂し気な思慮深さが漂っており、掻き立てられた思いや湧き上がる感情を即座に表へ放出してしまう、情動的イタリア人特有の風通しの良さが感じられなかった。

もちろん彼は、『昨日・今日・明日』でのような三枚目俳優としてのコメディアン性も優れているし、ヒステリックなイタリア男の役も、女好きで情けないステレオタイプなイタリア男の役も、どれも見事に演じていたが、ふとした時にその瞳に浮かぶ、どんな役柄にも染まろうとしない底なし沼のような美しい孤独感は、唯一無二のものだった。

逆に、マルチェッロ・マストロヤンニという個人的な人間性があの瞳から露顕することで、役者としては何を演じていても本人の人格が見え隠れしてしまうのが邪魔で、決して名優とは言えない、とうるさく評論する人もいないわけではない。けれど、往年の名監督達が、その特性を知っていても、あえて彼に自分達の作品を演じてもらいたがっていたのも確かだ。

彼らは、マルチェッロの未知の個性が自分のイメージと混ざり合い、予期せぬ化学変化を起こしてくれる事を望んでいたのだろう。

表層的なメディアの紹介などでは決して露顕しない、深くて複雑で繊細な構造のイタリアという国のエレメンツを、そのまま具象した俳優マルチェッロ・マストロヤンニ。

彼の胸の奥に熟成し続けていた様々な個人的感情や思いがあったからこそ、演じる多種多様な役柄それぞれの人格を、スクリーンの中で昇華できたのではないだろうか。

MARCELLO MASTROIANNI

マルチェッロ・
マストロヤンニ
（1924年－1996年）
20世紀のイタリアを代表する映画俳優。巨匠ルキノ・ヴィスコンティ監督に才能を認められ、1947年にイタリアで公開された『レ・ミゼラブル』で俳優としてデビュー。代表作に『甘い生活』『女と男』など。

ガイウス・プリニウス・セクンドゥス

好奇心がぶれない男

今から溯ること約二千年前、古代ローマにガイウス・プリニウス・セクンドゥスという男がいた。

職業は政治家・軍人・博物学者とされるが、政治や軍事面において歴史に残るような偉業は殆ど為していない。この時代は政治も軍事も本人の意思で関わるものではなかったから、恐らくプリニウス自身もこの二つの肩書きについては、殊更拘ってはいなかったのではないか。

この男が抱いた森羅万象に対する熱意は莫大な量の文献に姿を変え、『博物誌』と名付けられて人々に読み継がれたわけだが、その内容のあまりの果てしなさから察するに、たとえ史実の上では属州において皇帝代官を務めた経験があっても、どんな時でもひたすら増長する己の好奇心や探究心を抑えられず、口述を記録する書記官の腕を痺れさせていたのではないかと憶測している。

プリニウスというその人柄については、彼の甥が後に他者との書簡に記した記述以外は他になく、土中からそれらしき人物の彫像が掘り出された事もない。よってプリニウスの場合は、彼自身が書き残した『博物誌』そのものが本人の象徴となっている。

作品というのは、その作者の姿が媒体の手段を越えて浮き彫りに見えてくるもの程面白い。天文地理から動植物、芸術や技術などの人間の文化にまで及ぶ多元的な考察が詰め込まれた『博物誌』の魅力、つまりプリニウスという人間に魅せられた私は、現在この男を主人公にした漫画を手がけている。

素性のよくわからない人物を描くのは、頼りになる資料や文献がないぶん計り知れない苦労をさせられると同時に、史実の正確さに縛られない自由さを与えられるので、想像力を思い切り鼓舞させる楽しみがある。

いい年をした大人で、しかも泣く子も黙る古代ローマ帝国における政府の高級官僚という肩書きすら持っていた男が、誰も気にも留めないような小さな虫や植物、そして地球の現象や星に対して抱き続けた子供のような好奇心に突き動かされている様子は、想像するだけでも胸が高鳴る。

自分の中に発生する一つ一つの疑問を何ひとつ蔑ろにする事のなかった証としての『博物誌』。そのページを捲《めく》る度に、かつてこの地球上にはこんな人がいたのだと、私は嬉しさを抑えきれなくなってペンを執ってしまうのだ。

『博物誌』はプリニウスが実際にその目で見たり経験したりした事の記述よりも、他者の研究文献の引用か、それをもとにした独自の考察などが内容の大半を占めている。噂で耳にした突飛もない生き物の存在を全うに信じ込んでいるような記述もあれば、誰がどう見たって現実ではないとわかりきっている神話などから拾ってきた事柄を「そんな事はあり得ない」と躍起になる事もある。

現代世界に生きる我々にしてみれば全くあり得ないような事象を、自分の目で実際に見てきたのだと、まるで戸惑う読者を弄んでいるかのような表記をしている場合もある。驚く程科学的信憑性の高い独自の考察も沢山交じっているだけに、とんでもない記述に辿り着くと、読者は思わず自分達の想像力の柔軟性を試されているような心地にさせられるのだ。

つまり『博物誌』はエンサイクロペディアでありながら、同時に既成概念にとらわれている人間への哲学書的要素も兼ねている。

周囲にとらわれない考え方を持って生きる事はどんな時代でも勇気を必要とすることだが、プリニウスはまさにボーダーの越境を恐れない、勇敢でパワフルでユーモラスさに溢れた無敵の自由人だった。

紀元79年、プリニウスはヴェスビオ火山が大噴火をした時に、わざわざこの山の近くまで出向いていって災害に巻き込まれ、58年の生涯を終える。甥の残した記述によると、プリニウスが火山に近づいたのは麓に暮らす友人から助けの要請が届き、それに応えるためにガレー船（この当時プリニウスはローマ帝国海軍の提督だった）を出航させたという事だが、実際友人宅に辿り着いたこの博物学者はすぐにその場から立ち去る事はせず、天から軽石などの火山の噴出物が降り注ぐ中でお風呂に浸かり、怯える友人を宥めて優雅に夕食まで取ったのだという。この時プリニウスが死の可能性を察知していたのかどうかはわからないが、ひとつ言える事は、火山に近づいた目的が友人の救済だったにせよ、実際30キロを越える噴煙柱が天に登ったその驚くべき自然現象を目の当たりにしたとたん、逃げたり黙って見ているわけにはいかなくなったのも、その行動における動機のひとつだったのではないだろうか。

プリニウスにとっての好奇心は、死にすら替えられない、人間という生き物の備え持った誇るべき性質であり、彼の残した記録は与えられた命と人間だけが授かった知性への尽きる事のない賛美の書でもある。

最期まで人や世間の動向に左右されることなく、一人、地球という「現象」と堂々と向き合って生き抜いたプリニウスは、まさに私にとって〝ぶれない男〟なのであり、私の永遠の憧れでもある。

ガイウス・プリニウス・
セクンドゥス
（22年－79年）
古代ローマの博物学者、政治家、軍人。ローマ帝国の海外領土総督を歴任する傍ら、自然界を網羅する百科全書『博物誌』を著した。一般には大プリニウスと呼ばれる。

とり・みき

親切であり、
良いあんばいで軽薄でもあり、
マイペース

今から数年前、売れる事など一抹も想定せずに描いた漫画作品『テルマエ・ロマエ』がヒットし、実写映画化してそこでも大きなお金が動くという、思いもよらない顚末は、正直、喜びよりも動揺が大きく、嬉しさよりも辛さを多く齎した。たくさんの読者を得られた事も、古代ローマ世界と日本の距離感を縮められた手応えがあったことも、私の奇想天外な発想を褒めてくれた古代ローマ関係の研究者達がいたことも、すべて大きな励ましにはなったが、それまでの私にとっての創作は、経済とは結びつかない次元で、毎日ただ呼吸をするように携わっていれば良いものだった。だから、このぬるま湯から熱湯にぶち込まれたかのような容赦のない環境変化に巻き込まれた後は、日々心身の疲労を募らせていくだけだった。

私はもともと漫画家を目指していたわけでもなければ、漫画家になってからも自分の作品が大ヒットすればいいなんて考えたこともなく、油絵でも小説でもない、漫画というツールだからこそ叶うものを地道に生み出したい、とだけ思っていた。好き、というよりは、自分という人間には合っているのかもしれない、という感触があって続けていた仕事だった。

しかし、漫画という世界は、私が想像していた以上に手強いものだった。ヒットによって私の仕事は忽ち増えたが、休みも返上で締め切りに追われる漫画家という生き方自体を根本的に理解できない外国人の家族は私を非難し、責め立てた。更に日本でも出版社との間で発生していた軋轢への対応にも限界を感じていた私は、毎日心の奥底で、漫画を描く事を止めよう、と繰り返すようになっていた。そしてまた学生時代と同じく、人に注視されない場所でこっそり、自分なりのペースで油絵を描くということをやりなおそうかと思っていた。

確かにあの頃の私は極端な自暴自棄状態に陥っていたし、簡単には治らない病気にもなり、ありとあらゆる仕事や人に対する猜疑心を拭うことができず、いつでもすぐに怒る準備ができていて、傍から見れば毒素を放出しまくっている、本当に扱いづらい嫌な女だったはずだ。

漫画家のとり・みき氏が私の仕事を手伝ってくれるようになったのは、まさにそんな最中の事だった。

ベテランの有名作家であるこの漫画家が、あと数回だけ残された『テルマエ・ロマエ』の連載に加勢してくれた事が、漫画、そして漫画界と向き合い続ける気持ちを再起させてくれたのである。

とり氏は彼自身の描き出す作品のように、私がそれまで泥沼だと信じていたものの正体をさらりと暴き、もっと軽く受け止めるべきところで自ら重石を括り付けて沈み込んでいる私の姿を、客観的に映して見せてくれる術を持つ人だった。親切であり、良いあんばいで軽薄でもあり、マイペース。ドラマチックさを嗜好しつつも、それを別角度から見ればギャグやコメディにもなり得ることもわかっている人だった。

でも何より、私にとって心強かったのは、この人の漫画に対する期待も希望も絶望も持たないニュートラルで抑制の利いた姿勢と、圧倒的な画力だ。手伝ってもらった『テルマエ・ロマエ』最終3話分の背景で、彼は行った事もないイタリアの遺跡発掘現場や、古代ローマの建造物を見事に再現し、私はもっともっとこの人の描く古代ローマの建造物や空気や音を「見たい！」と激しく思うようになっていた。私の思い描く世界観をとり氏はそれを上回る表現と想像力で描き出す。卓越した〝技〟というものが、結局如何なる表現にも勝る説得力を示してくれることを痛感した。

『テルマエ・ロマエ』の連載終了後、とり氏は私の提案した新作の合作を受け入れる代償として、自身への漫画のオファーも断らねばならなかっただろうと思う。それ以外でも、私のような厄介者とタッグを組んだところで、損になる事も少なくなかったはずだ。きっと多くのとり・みきファンは「なんでまたお騒がせ屋のヤマザキマリなんかと……」と思ったかもしれないし、それには勿論とり氏自身も気がついていたと思う。

でも彼は上述したように、世の事象がドラマチックさとコメディの両面をいつも備えている事を熟知している。先入観や情報を鵜呑みにすることは、何の得にもならないと判断している人だ。合作も、やってみたら「仕事量が折半になるどころか、一人で描くよりも何倍も時間も手間も掛かる。ぼうっとする時間も、大好きなテニスをする時間もなくなってしまった」とこぼしつつ、「でも面倒臭いのが大好きだから、楽しい」のだと言っていた。

そう。とり・みきは「面倒臭い事が大好き」なんてことを言葉にできる、世にも奇特な人物なのである。人間という生き物の進化が合理性の追求とシンクロしている中で、この人は敢えてそれではつまらないと、非合理的で面倒な手段の方を選択し、しかもそれを面白がれるのである。世間から煩く思われていた私のような漫画家と合作をする、という行為自体が、まさにそんなとり氏の一筋縄ではいかない、人となりを表していると言えるだろう。

私は、悉く《ことごと》下らない表現ひとつに対して厖大なコストと労力が掛けられたコメディ映画やアニメーションが大好きだが、文芸でも、絵画の世界に対しても全く同じ事が言える。初期ルネッサンスのパオロ・ウチェッロやピエロ・デッラ・フランチェスカ、そしてもう少し後期になるがピーター・ブリューゲルなど、当時の人々から「なぜそんなところをそんなに細かく描くのだ、どうして皆と同じようにもっと華やかに描かないのだ、なぜそんなに面倒な事に拘るのだ」と思われていたに違いない作品を残した画家達には殊更強く惹かれ続けてきたが、私の見解では漫画家とり・みきも、これらの少し歪曲した視野を持った偏屈系の奇才表現者達の延長線上にいる人なのである。

とり氏は、日本という社会や漫画界から荷物をまとめて退散しようとしていた私に「去るのは簡単だけど、留まっていればもっとおかしいこと、面白い事がたくさんあるかもよ？」と示唆してくれた唯一の人だったかもしれない。

　確かに〝面倒臭さ〟には、それとことん付き合った人にしかわからない奥行きと多様性がある。しっかりと向き合った人にしかわからない発見があったりする。見方を変えれば、創作に対する飽くなき貪欲さがなければ、そこまで〝面倒臭さ〟というものには拘れないだろう。

　とり氏は自らを、醒めていて軽率でドライな人間だと思っている節があるが、私からしてみれば、それはこの人の尽きない探究心とあらゆる創作物に向けられる情熱の冷却装置的振る舞いであり、表面を覆うクールさやマイペースさが彼の本質ではない。そして何より、とり氏自身もまた〝面倒臭さ〟という魅力を持った人間だということだ。

「合作」という作業は同業者であれば誰とでも実践できるものでもなければ、長く続けられるものでもない。嗜好性や意見の違いはいとも簡単に衝突を招く。合作者は家族や夫婦ではないのだから、限界を感じたら関係を解消すればいい。とり氏の時間感覚と私の時間感覚の捉え方には大きな差異があるから、締め切りを巡っては毎度といって良いくらい揉める。それでもこうして毎回、遠隔でありながらも一緒に同じ漫画を作り上げていけるのは、ひとえにお互いが自らの性質や創作物も含めて〝面倒臭さ〟への好奇心が旺盛だからなのかもしれない。

何にせよ、とにかく私は今も漫画を描いている。私の作品を読みたい人がいるとかいないとかそういう解釈以前に、まず自分が、まだ自分の描きたい漫画を読みたいと思っている事を、漫画という世界が容易には切り離せなくなっている事を、とり氏によって気付かされたからだ。だから私はまだしばらくこの仕事を続けていくのだろう。少なくとも漫画家として生きる〝面倒臭さ〟の醍醐味を共感することのできる貴重な仲間がそばにいる限りは。

Miki Tori
cogli occhiali

とり・みき

（1958年－）

マンガ家。熊本県生まれ。1979年「ぼくの宇宙人」でデビュー。ギャグ漫画、コミックエッセイやシリアスなＳＦ・ホラー物も手がける。主な作品に『クルクルくりん』『愛のさかあがり』『石神伝説』『冷食捜査官』など。

セルジオとピエロ

貧しく尊い
表現の恩師

私の母はなぜ油絵で生きていこうと決めた私に激しく意見してこなかったのだろう。なんでまたあんなにも簡単に、自分の娘を見ず知らずの外国に送り出したのだろう。親元からも故郷からも遠く離れて生きていく事が、こんなにも大変だと仄めかすこともなく。

今から30年程前、細かい雨の降りしきるフィレンツェの街を、当て所《ど》もなく歩いていた私の頭の中は、そんな疑問で飽和状態だった。骨の折れた古い傘と、水たまりでびしょびしょになった一張羅の革の靴、床屋にも行けずに伸びた髪の毛先は雨に濡れそぼり、その有様はとてつもなくみすぼらしかったはずである。

ポンテヴェッキオを対岸のグイチャルディーニ通り方向へ渡ると、普段の私なら右に折れて、アカデミア美術学院のヌードデッサン科があったサント・スピリト教会の方へ進んでいく。しかしその日は、それまで知らなかった場所へ行ってみたい気持ちになった。雨などおかまいなしに楽しそうな様子の観光客の群を分けて、橋を渡りきった私はそのまま左に曲がって歩き続けた。数百メートルも行かないうちに人影も減って、観光地的風情を見せなくなったその道を、意思の薄い歩みでとぼとぼ進んでいくと、歩道の右側の建物のガラス越しに、壁を埋める鮮やかな色彩が見えた。様々な大きさのカンバスに描かれた抽象画が、広くもない空間に所狭しと飾られているのだが、その場所は画廊というには如何せん惨めな佇まいだった。看板も出ていないし、曇ったガラスドアの枠のペンキの剝げ加減からも、そこに携わる人々の無関心さや経済力のなさが窺い知れた。

暫くそのドアの中を覗き込んでいると、狭い空間の片隅に座っていた、茶色のコーデュロイのスーツ姿の中年男性と目が合った。私はそれまでその人の存在に気付かなかったが、彼の方は私がガラスドアの向こうに立ち止まった時から、こちらの様子をずっと見ていたのだろう。目が合った瞬間、椅子から立ち上がるとすたすたと近づいてきて、「雨も降っているから、どうぞ、中に入って見ていって。こう見えてもここは画廊なんですよ」と、ドアを引きながら、もの凄く優しい口調で私に声を掛けてきた。イタリアへやってきて2年近く経っていたが、そんな柔らかい声で話しかけられたのは初めてのような気がした。

男性は近くで見ると、ガラス越しに感じた程の年齢ではなかったが、頬の片方にだけ彫り込まれたおばさん風のほうれい線が親近感を醸し出していた。

アルゼンチンから亡命してきたセルジオという老小説家と、戦後のフィレンツェの文壇で活躍したピエロ・サンティという老小説家と、同じく政治的理由により亡命を強いられた姉と3人で一緒に暮らしており、自らも作家ではあるが、「ウプパ（ヤツガシラ）」という名前のその小さな画廊兼書店を細々と運営していた。ウプパは外観も中も薄汚れた寂しい佇まいの空間ではあったが、そこを訪ねてくる人達はフィレンツェの文壇や芸術界を担ってきた珠玉の文化人達であり、寒かろうと汚かろうとそこでは週に何度も、主催者であるピエロ・サンティを囲んで、興味深い集会が繰り広げられていた。

そして私も、食料を買うお金もなく、帰りのバス代もなく、虚ろに雨の中を歩いている最中に偶然見つけたその場所へ、気が付くと足繁く通うメンツの一人になっていた。私はウプパに集う人々の様々な話に知的好奇心を掻き立てられ、自国の文化について聞かれても何ひとつ気の利いた答えの返せない無知な自分を恥じて散々苦しみ、政治の論議が炎上して取っ組み合いになってしまったおじさんや爺さん達をドキドキしながら眺め、セルジオやピエロ、そして彼らの友人達から薦められる書物を貪るように読むようになっていた。自分と同様に家に帰っても食べ物のない無一文の創作家達と、ウプパの簡素な台所で誰かが寄付してくれたパスタを茹でて食べ、誰かが置いていった飲みかけの不味いワインを空にしては、明け方に家へ戻るという毎日に、自分らしい生き方を見出した心地になった。空腹よりも知識欲を満たしたい気持ちが優勢となり、その充足をお金がなくても叶えられるのが嬉しかった。ウプパへ通い続けるうちに、画家を目指す自分への迷いは気付かぬうちに萎えていた。

かつてはパリに留学し、ジャン・コクトーとも交流があったというピエロ・サンティは既に70代の半ばに差し掛かっており、膝に水が溜まっているので杖かセルジオの付き添いなしではなかなか自由に歩けなかったが、自らの創作欲を刺激してくれる人間や作品には貪欲で、ウプパでは常に様々な個展が催されていたし、発行部数は僅かだが常に小説や詩集や論文といった、某《なにがし》かの書籍が刷り上げられていた。

「売れそうじゃなくても、素晴らしいと感じられた作品は誰かが残していくように働きかけていかないといけない。飢え死に覚悟で、良い絵を世に見てもらい、良い本を出版していかないとダメなんだよ」とピエロは冗談めいた口調で半分笑いながら、いつも私にそう言っていたが、彼は貧乏な私の目から見てさえ、確実に貧乏だった。

戦前はフィレンツェにあった大印刷工場の御曹司だったのに、財産として彼の手元に残っているものは何もなく、ほぼ年金のみで自分と、そしてセルジオの生計を立てていた。あまりに貧乏過ぎて、ある時セルジオがアルバイトを始めた私のところへ、止められて久しい電気料金を支払うための借金を頼みにやってきた事もあった。自分よりも30歳も年下の留学生にお金を借りに来るというのがどんな気持ちを伴うものなのか、慮る勇気も出なかった私は何も考えずに彼にそそくさとお金を渡したが、数日も経たないうちにセルジオの姉がその貸したお金を返しにやって来た。「ごめんね、あなたも苦しいのに。ダメだよね、私達」と折り畳んだ紙幣をズボンのポケットに捻り込ませた彼女の骨張った細い手がごりごりと私の腰骨に擦れた。

最初にウプパを訪れた日から2年経った冬に、暖房のつかない凍てついた自宅の寝室で肺炎を患っていたピエロは、ゆっくりと何かを喋りながら亡くなった。訃報を聞いて訪ねてきた人達は皆コートを着込んだまま白い息を吐きながらピエロの寝室に入り、ヤツガシラの油絵が描かれたベッドの上に横たわる、寒そうなピエロの亡骸と対面した。セルジオはその間、ずっと部屋の片隅に立ち尽くしたまま、青白い顔で、表情も変えずにタバコを吸っていた。亡命後、イタリア国籍を取得できていなかったセルジオと姉は、身元引き受け人であったピエロが亡くなった事でイタリアでの滞在継続が厳しくなり、最初は知人の家に身を寄せてその場を凌いでいたが、音信が途絶えて暫く経ってから、私は彼らがスペインへ去った事を人づてに知った。

ピエロが亡くなった直後に、一度だけセルジオから電話が掛かってきた事があった。その時彼は「ピエロがいない人生は苦しい。死にたい」としくしく泣きながら私に零《こぼ》し、受話器の向こうで重たい沈黙を残した後、呼び止める私の声に答える事もなく一方的に電話を切ってしまった。私は慌てて自転車に跨《また》がると、猛スピードでピエロの家へ向かったが、緑色のペンキの剝がれた扉には鍵が掛かっており、物置も空っぽになっていて、そこに誰かが暮らしている気配は一掃されていた。あれだけ沢山集まっていたピエロの同志達だが、ピエロの死後は誰一人としてこの戦後から続いた画廊兼書店の継続を請け負うと名乗り出る事なく、セルジオを捜して辿り着いたウプパの扉も固く閉ざされ、真っ暗なガラスの扉にはぼんやりと立ち尽くす私の姿が映っているだけだった。セルジオは本当にどこかで死んでしまったのではないだろうか、という不安を私はその後かなり長い間抱え込んで生活しなければならなかったので、彼がお姉さんと一緒にスペインへ行ったという情報を人づてに聞いた時は大きな安堵を感じた。でも、結局彼らとの交流はそれ以後一切途絶えてしまったし、今何処で何をしているのかを知る術もない。ウプパに集っていた老芸術家達の殆どは他界し、ピエロやセルジオの事を語れる人間も私の周りからはいなくなってしまった。

ウプパに通い始めた頃、誕生日を迎えた私にセルジオが一冊の本を渡してくれた事がある。それはガルシア＝マルケスの『百年の孤独』だった。表紙の端が折れていたので新品ではなかったと思うが、表紙を捲ると「マリへ。あなたは読んでおいた方がいい本だと思うからこれにした。同じ南米の作家ではあるけど僕はあんまり好きではありません。でもあなたはきっと気に入ると思う」といった趣旨の言葉がセルジオの字で添え書きされていた。その時点で既に『百年の孤独』は、ノーベル賞の受賞によって世界的ベストセラーとして誰もが知る名著だったが、話題になり過ぎるものを嫌う私にとっては、セルジオからプレゼントされなければ当分手に取る事もなかったかもしれない一冊だった。私はその作品を皮切りに、ガルシア＝マルケスのありとあらゆる書物を読み漁るようになっていった。

マルケスはあの当時、様々な精神的葛藤にもがいていた20歳前後の私を支え、その後何年も経ってから漫画家になって更なる精神的葛藤と向かい合わねばならなくなった時も、バランスを崩しかけていた私を補強してくれた。でも何よりも忘れてはならないのは、この作家は私にとって、セルジオが残してくれた画廊ウプパの大事な痕跡であるということだ。

私の留学生活は沢山の人が思い浮かべるような、生活を謳歌する楽観的で気楽なイタリアとは程遠いものだったし、私が向き合っていたのは煌びやかさとは程遠く、経済効果を持たない苦悩と葛藤に染まった影の文化だった。でもそこには何かを生み出さなければ自らを救済できない人々の確実な命の質感があった。そういう意味でもあの画廊は、私にとってイタリア留学での本当の意味での学校であり、セルジオとピエロの二人は、私にとって表現者という生き方を選んだ人間のあり方を教えてくれた、掛け替えのない教師達だった。

あとがき

動物には雄と雌がある。人間はその雄と雌の差異にやたらと拘り続けてきた生き物だが、私にとってはそれは子供の頃からほぼどうでもいい事だった。早いうちに伴侶を亡くした母は「男の人がいたところで何の解決にもなりゃしない」を口癖にして、仕事を抱えながらも女手ひとつで娘二人を育てなければならない自分に発破を掛けていたが、そのためなのか私には子供の頃から結婚願望がなかった。私は幼少期を大自然の中で過ごしたために、遊び仲間は全て男子だったし、大好きな昆虫や小動物を探しまわっているうちに男女の違いどころか、自分については「人間という生き物」という大きな括りでしか考えないようになっていった。だから人間の雄と雌の違いも、昆虫や動物と同じく差異があって当然の事であり、その性別のもたらす特色そのものが面白いのだと今も思っている。

例えば私が暮らすイタリアのような国も、つい数十年前までは顕著な男尊女卑の傾向があったにも拘らず、人間界における実質的な力は女の方が強い、という意識は古代から普遍的に誰もが持ち続けている。うちで飼っている猫を見ていても度々思う事ではあるが、雌はやはり現実的で何をするでも合理的解釈に根付いており、顕示欲やプライドに囚われない傾向がある。失敗する可能性が高い事には敢えて挑んだりはしない。可愛らしさを全面に出した甘えも計算のうちだ。それに比べると、猫の雄は向こう見ずで無責任な自由さを謳歌しているように思える。

人間が他の動物と違うのは、生き方に想像の力が加わることだ。人間の雄はその想像力を駆使して獲物の捕え方を考えたり、農耕という生き方を編み出したりしてきたし、道具を使って一見そんなものはあってもなくてもどちらでも良い、と思えるような創造物も沢山生み出してきた。現在、我々が「文明」と呼ぶものは、恐らく女性だけの社会であれば為し得なかったものかもしれない。もちろん男性達が想像力の多様性を存分に発揮できたのは、歴代の女性達の現実的で保守的な意識が生活に根付いていたからだろうが、だったら男性にはやはりしみったれた狭い範疇だけに留まらず、視野を広げて、社会や世間といった帰属の概念にも囚われずに、想像力に思い切り翻弄されながら、素っ頓狂で面白い事をどんどんやってもらいたいと思ってしまうのである。家族という契約は結んでも、社会のあり方を理解をしてはいても、いつどこで何がその頭に閃き、何をしでかすかわからない、そのように既成概念や人々の信頼感に拘束されない自由奔放さが、まず私の思うところの〝益荒男〟の必須条件と言えるかもしれない。

解説

とり・みき

なんと美しい文章かと思う。

奇をてらったレトリックや流行語を使わない、まっすぐで正攻法の、しかし華美さや情動を排した抑制のきいたその筆致にまず感動する。

内容よりも先にその表現方法に言及するのは、芝居を見た後で役者に「よくセリフが憶えられましたね」という感想を述べるのにも似て、失礼千万なことだとは重々承知している。しかもこちらは小説家や文芸評論家のような文章のプロではなく、一介のマンガ家だ。上から目線にもほどがある。

にもかかわらず、彼女の著作の解説という機会を持つこともあまりないと思うので、ヤマザキマリの文章に漂う「品格」というのは、やはり声を大にして強調しておきたいところだ。分際を顧みずにいわせてもらえば、昨今の自称小説家の多くでさえ失ってしまっている上品さを僕は彼女の文章を読んで感じている。

もしかすると、テレビのコメンテーターとしての彼女や、ほぼ語りおろしの文体で綴られている新書でしかヤマザキマリを知らなかった読者には、一見硬質で改行も少なく漢字熟語の多い本書のようなエッセイは意外に映ったかもしれない。

テレビやラジオに登場するヤマザキマリは、まるで速射砲のように短時間最大パワーで内なる情動を一気にさらけ出す。くだけた言葉でいえば「おしゃべり」で「ガラッパチ」で遠慮なくもの申す、しかし親しみやすいキャラクター、というのが多くの人にとっての彼女のイメージだろう。

だが本書のようなエッセイでは、彼女は冷静に言葉を選択し、立場の異なる相手の価値観にも目を配る。一部の外国生活者にときおり見られる、片方との比較によって片方をおとしめる出羽守的なレトリックもない。

そもそも形容過多な感情よりも事実の記述によって自分の想いを伝える、という方法を彼女はとるが、それは本来の意味でハードボイルドの手法であり、その源流となった、彼女が敬愛する作家ヘミングウェイの文体にも通ずるものがある。

選択する言葉も、どちらかといえば70年代以前の日本文学を思わせるような語彙が多く、若い読者には古風に映るかもしれない。外国在住なのに外来語が少ないのも特徴的で、僕などはしゃべりや文章原稿に不必要なカタカナ語が多いことを、逆にしばしば彼女から指摘されたりする。

ヤマザキマリの書くこうした文章は、彼女が10代で渡欧する以前の基礎的な読書歴に加え、現代日本の余計な情報が遮断された異国での日本文学・海外文学の純粋培養的な摂取体験が影響しているのは間違いないが、読むこちらは、ヤマザキ渡欧後のバブル時代から日本版ロスジェネ時代にすっかり失われてしまった日本語の品格を、テレビでバスタオル一丁で温泉につかっているマンガ家の文章によってあらためて教えられる、という不思議な感覚になる。まるで古代ローマから現代の日本にタイムスリップしてきたルシウスによってもたらされる日本の風呂文化再発見の驚きそのものだ。

誤解のないように書いておけば、僕も彼女も文学をマンガの上位には置いていない（そうでなければ二人ともマンガ家をやってはいない）。そのような文学権威主義にも、反対にマンガに親しむあまり、小説などの文字による表現を敬遠したりないがしろにしている向きにも、どちらにも共感できないというだけのことだ。

彼女に聞いたところでは（聞かなくてもわかることだけれども）無意識に書けばこういう文章になってしまうので、女性週刊誌の「ですます」調のエッセイなどでは、むしろ出来るだけくだけた表現や平易な言葉を使うよう、しょっちゅう編集者から改稿を求められて閉口したそうである。

似たような物言いは昔も今もよく聞く。

「このギャグは読者がわかりづらいからセリフを足そう」

「専門家ではとっつきにくいから、この紀行番組には有名タレントの誰それを使おう」

いずれも読者や視聴者を馬鹿にした、くだらない改変だ。足した時点でダメになってしまうものも世の中にはある。

とはいえ。

文章の硬軟の話は置くとしても、この連作エッセイで取り上げられた男達のメンツを眺めれば、彼女の少女期も、そしていまも、気になる男の範囲がテレビ画面に現れるタレント止まりの同性達とはなかなか話が合わなかったであろうことは容易に想像がつく。

そもそもほとんどが死人だ。

フィクション上のキャラクターもいる。尋常ではない。

冗談ではなく、僕は彼女が「私はもしかしたら既に死んでしまった人物しか愛せないのかもしれない」と真顔で語ったのを聞いたことがある。しかし（少数の存命人物も含まれるものの）死人達を語る彼女の、筆致はクールだが、その想いの熱いこと。

そう、抑制のきいた文章で書かれていても、その裏に見え隠れする彼女の真摯な情熱は、テレビで怒濤のしゃべりをしているときとまったく変わらない。むしろ文章がストイックであればあるほど、その情景はより叙情性を帯び、深く我々読者の胸に刻まれる、といっていい。

ここまであえて文体と内容を分けて、おもに文章の特徴ばかり長々と述べてきたけれども、これは実は僕が作家やマンガ家を語るときの常套手段でもある。なぜなら文体や描線という手法の選択は、実のところ内容と不可分で、作者が意志的であるにせよ無意識の結果であるにせよ、そこには必然的理由が存在するからだ。

彼女の場合は、口頭では、けっして見失っているわけではないが、主張や情熱のほうが優先し、つい置き去りにされがちな「人間を見つめる優しい諦観の発露」でもあると思う。

しゃべり言葉というのは、実は頭を経由しないスポーツ的な条件反射の側面が大きい。

これに比べ書き言葉というのは極めて理詰めの作業である。素晴らしく感動的な絵やマンガを描く作家でも、その能力に特化するあまり、自分の想いや考えの言語による組み立てが不得意な人もいるが（それ自体は悪いことではなく、むしろ生来の絵描きであるという証左ともなろう）ヤマザキマリは言語化が「出来る」マンガ家である。しかもかなり的確かつ見事に。

ライトなエッセイやマンガでは面白おかしく昇華しているけれども、描かれなかった事柄も含め、彼女はイタリアで、そして世界各地であらゆる辛酸や裏切りや、ときには瀕死の体験を重ねている。普通であればそういう人は猜疑《さいぎ》心が増大し、行動も慎重になり、人間不信に陥り、また耐性も備わっていそうなものだが、そういう経験を経ても不思議なことに彼女の人を見つめる優しさや信頼はあまり変わっていない。考えやものの見方はピュアすぎるほどピュアで、些細なことですぐに傷ついてしまう繊細さを持ちながら、興味先行で考えるより早く実行に移す行動力もあいかわらずの希有な人だ。

そして、ちょっと時間が経って落ち着いた頃、彼女が「ことの顛末」を冷静に振り返る作業が始まる。それがつまり文章化というわけだ。

あらためてゆっくりと考えつつ言葉を紡ぐ作業の間に、彼女は対象の事物や人物を、蓄積してきた知識、そして世界中を旅してきた自分の豊富な体験に照らし合わせ、今度は逆に読む側が冷たく感じるくらいの筆致で客観的に見つめ直す。

観察対象だけではない。自分の情熱や破天荒さをも彼女は冷静に俯瞰する。

14歳でのヨーロッパ一人旅をはじめ、とかくそのバイタリティばかりが取り上げられがちだが、しかし旅人というのは結局どこへ行ってもストレンジャー＝異人である。早くから日本を出た彼女にとっては、自分が生まれた国に帰ってきても馴染めなさを感じてしまうだろう。そのどうしようもない宿命的な寂寥感、彼女の親しんだ国の言葉でいえばけっして解決されることのないサウダージな感情は、注意深く読めば彼女の紀行文全体を支配しており、その切なさは彼女の文章の魅力でもある。

紀行文ではないけれども、本書の中では、作者のフィレンツェ時代の体験が色濃く反映された「セルジオとピエロ」が、まさしくそのような一章である。

最初に読んだとき、年配の友人の死の報を聞き駆けつける彼女の漕ぐ自転車のペダルの音や息づかいが、僕には確かに聞こえてきた。それは彼女の実体験であるが、その筆致というか描写によって読者の僕には、まさに一種の文学的感動となって伝わってきたわけである。

彼女のこの種のエッセイを読むたびに、僕はそこに漂う絶望的といってもいい寂しさと、その寂しさを抱え込みつつも自分は生きていくのだという諦観のような覚悟に、いつも泣き出してしまいそうになる。

出来れば「ですます」調ではないこうした彼女の正攻法の文章をもっと読みたいと思っているのだが、それはイコール我々のマンガ合作作業の首をいっそう絞めることになるリクエストだとわかってもいる。悩ましい限りだ。

——マンガ家

この作品は二〇一六年八月小社より刊行された
『マスラオ礼賛』を改題したものです。
JASRAC 出 1900409-901

幻冬舎文庫

●最新刊

きみの隣りで

益田ミリ

森の近くに引っこした翻訳家の早川さんは、夫と小学生の息子・太郎との3人暮らし。太郎は森に生える〝優しい木〟の秘密をある人にそっと伝えた。森の中に優しさがじわじわ広がる名作漫画。

●最新刊

鳥居の向こうは、知らない世界でした。3 ～後宮の妖精と真夏の恋の夢～

友麻　碧

異界「千国」で暮らす千歳は、第三王子・透李に嫁ぐ王女の世話係に任命される。しかし、透李に恋する千歳の心は複雑だ。ある日、巷で流行している危険な〝惚れ薬〟を調べることになり……。

●最新刊

下北沢について

吉本ばなな

自由に夢を見られる雰囲気が残った街、下北沢に惹かれ家族で越してきた。本屋と小冊子を作り、玩具屋で息子のフィギュアを真剣に選び、カレー屋で元気を補充。寂しい心に効く19の癒しの随筆。

●最新刊

やめてみた。 本当に必要なものが見えてくる、暮らし方・考え方

わたなべぽん

炊飯器、ゴミ箱、そうじ機から、ばっちりメイク、もやもやする人間関係まで。「やめてみる」生活を始めた後に訪れた変化とは？　心の中まですっきりしていく実験的エッセイ漫画。

●最新刊

一〇三歳、ひとりで生きる作法 老いたら老いたで、まんざらでもない

篠田桃紅

百歳を超えた今でも筆をとる、孤高の美術家、篠田桃紅。人の成熟とは何か、人生の仕舞い方のコツ……。老境に入ってもなお、若さに媚びず現役を貫く、強い姿勢から紡がれる珠玉のエッセイ集。

男子観察録《だんしかんさつろく》

ヤマザキマリ

平成31年2月10日　初版発行

発行人——石原正康
編集人——袖山満一子
発行所——株式会社幻冬舎
〒151-0051東京都渋谷区千駄ヶ谷4-9-7
電話　03(5411)6222(営業)
　　　03(5411)6211(編集)
　　　振替00120-8-767643
印刷・製本—中央精版印刷株式会社
装丁者——高橋雅之

幻冬舎文庫

ISBN978-4-344-42838-6　C0195　や-35-2

幻冬舎ホームページアドレス　http://www.gentosha.co.jp/
この本に関するご意見・ご感想をメールでお寄せいただく場合は、
comment@gentosha.co.jpまで。